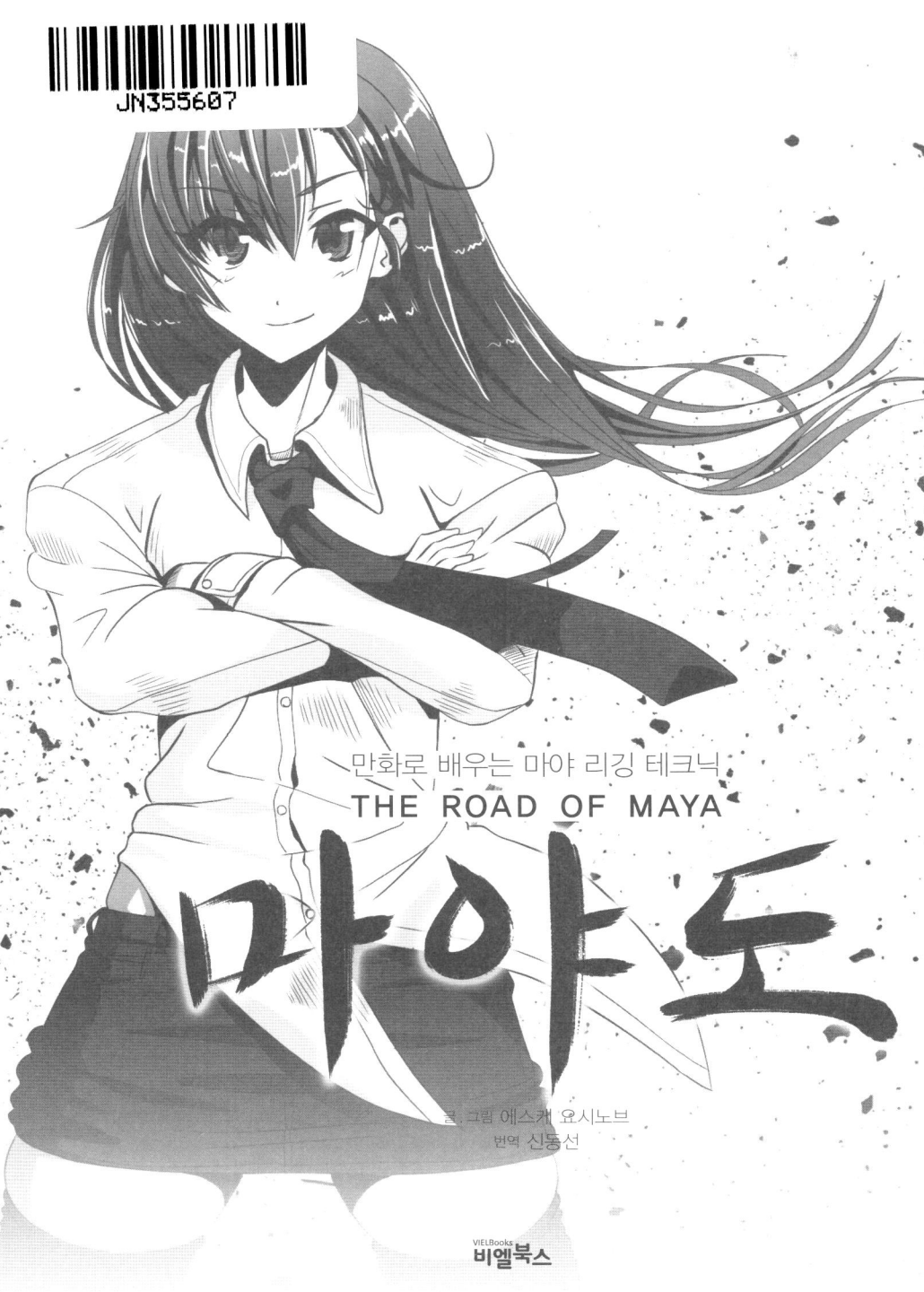

만화로 배우는 마야 리깅 테크닉
## THE ROAD OF MAYA

2018년 04월 20일 1판 1쇄 인쇄
2018년 05월 02일 1판 1쇄 발행

글.그림_ 에스케 요시노브
번역_ 신동선
레터링_ 이상준
펴낸이_ 김종원
펴낸곳_ 비엘북스
주소_ 경기도 고양시 일산동구 중앙로 1275 38-10, 606호
전화_ 070-7613-3606 | 팩스_ 02-6455-3606
등록_ 2009년 5월 14일 제 313-2009-107호
출판사 홈페이지_ http://www.vielbooks.com
도서문의_ vielbooks@vielbooks.com
ISBN_ 979-11-86573-21-1

MAYADOU!! The Road of Maya(CG Pro Insights) by Eske Yoshinob
Copyright © 2016 by Eske Yoshinob and Born Digital, Inc All rights reserved.
Original Japanese edition published by Born Digital, Inc.

Korean translation copyright © 2018 by VIEL BOOKS
This Korean edtion published by arrangement with Born Digital, Inc., Tokyo, through HonnoKizuna, Inc. Tokyo,
and Eric Yang Agency, Inc.

이 책의 한국어판 저작권은 EYA(Eric Yang Agency)를 통한
Eske Yoshinob and Born Digital, Inc 사와의 독점계약이므로 '비딜북스'가 소유합니다.
저작권법에 의하여 한국 내에서 보호를 받는 저작물이므로 무단전재 및 복제를 금합니다.

이 도서의 국립중앙도서관 출판예정도서목록(CIP)은 서지정보유통지원시스템 홈페이지(http://seoji.nl.go.kr)와 국가
자료공동목록시스템(http://www.nl.go.kr/kolisnet)에서 이용하실 수 있습니다.(CIP제어번호: CIP2018009389)

# 시작하기

# 저자의 말

[마야도 : THE ROAD OF MAYA]라는 수상한 제목의 만화를 구입해 주신 여러분의 용기와 넓은 마음에 감사를 드립니다.

이 책은 기술서입니다. 사실 처음 리그(Rig)에 대한 책 집필을 제안 받았을 때는 무엇을 어떻게 써야 할지 망설였습니다. 이제부터 본격적으로 3D CG를 시작하는 사람에게 도움이 되는 책으로 하고 싶다… 라는 컨셉이었지만 구체적으로 어떤 책으로 하면 좋은지도 잘 정리되지 않았었지요. 제 과거의 경험을 비춰 보면 기술서는 읽어도 졸리기 때문에 어지간해서는 계속 읽어나갈 수 없거나, 의미를 모르는 부분이 생기면 도중에 읽는 것을 그만두는 경우가 많았습니다. 어느 정도의 지식이 있는 상태에서 읽으면 매우 도움이 되는 좋은 책은 많지만, 읽다 보면 처음 부딪히는 장벽이 너무 높아서 힘들어지곤 하지요. 저는 쓱쓱 쉽게 읽을 수 있는 기술서를 목표로 하고 싶었습니다. 아무리 도움이 되는 내용이라도 읽어주지 않는다면 의미가 없다고 생각했기 때문입니다. 그렇다면 어떻게 하면 좋을까.

[그래! 만화로 해보자!]
만화라면 반드시 그림이 있으니 술술 읽어나갈 수 있을 거라는 단순한 이유에서 시작했습니다. 만화의 특성상 등장 인물이 필요했습니다. 그래서 배우는 사람(초보자)을 등장시켜서 초보자가 어려워하는 부분을 잘 설명해주는 흐름으로 구성했습니다. 이 책이 만화로 완성된 것은 이런 사정이 있었기 때문입니다. (사실 단순히 만화를 그리고 싶었을 뿐이라는 건 비밀)

이 책을 집필할 때의 가장 큰 목표는 어찌 되었든 독자들이 마지막까지 읽어주는 것이 첫 번째 그리고 MAYA라는 3D 툴의 내부적인 구동 개념과 원리를 알려주고 싶다는 것이 두 번째 목표였습니다.

이 책에서는 리그의 실무적인 노하우를 학습하기 전에 알아두었으면 하는 것을 모아놓았습니다. 조작 순서를 배워서 경험을 쌓는 것도 중요하지만 원리를 알지 못하고 작동방법만 배우면 어지간해서는 이해가 깊어지지 않기 때문입니다. 이제 리그를 시작하려는 분은 물론, MAYA를 전체적으로 사용하고 있지만 조금 더 자세하게 MAYA의 원리를 알고 싶다는 분들도 읽어주셨으면 좋겠습니다.

다소 이해가 되지 않더라도 우선 읽어보세요. 이런 에피소드가 있었다는 것이 기억이라도 남아있다면 나중에 무언가 트러블이 있었을 때나 기술적으로 곤란해졌을 때 다시금 해결의 실마리가 될지도 모릅니다. 이 책이 MAYA에서 제작할 때 조금이라도 도움된다면 필자로서는 더할 나위 없이 기쁠 것 같습니다. 감사합니다.

— 저자. 에스케 요시노브 (Eske Yoshinob) —

## 역자의 말

MAYA로 일을 하고, 가르치고, 책을 쓰고 있기 때문에 MAYA 책이 새로 출간될 때마다 대부분 구입해서 새로운 내용이 없나하고 살피는 게 일상이 되었습니다. 이 책을 접했을 때 MAYA에 대해 이렇게 재미있고 자세하게 설명하는 책을 집필하기란 불가능하겠다는 생각에 번역하기로 마음을 먹었습니다.

이 책은 리깅에 대해 모르는 신입 모델러가 리깅을 배우는 과정을 만화로 설명한 책입니다. 모델링을 한 후 리깅을 할 때 MAYA의 외부에서 실행되는 기능뿐 아니라 내부에서는 어떤 프로세스가 일어나고 있는지, 어떤 원리로 작동되고 있는지를 자세하게 설명하고 있습니다.

사실 십수 년간 MAYA를 사용하면서 노드, DAG 등에 대해 크게 신경 쓰지 않았습니다. 독학으로 배웠다 보니 이러한 내용을 자세하게 접할 기회가 드물었고 이를 제대로 설명한 책을 찾기는 더욱 어려웠습니다. 그래서 에러가 발생하면 그간의 노하우에 기대어 해결하곤 했습니다.

하지만 이 책을 읽고 MAYA의 근본 원리에 대해 알게 되니 그동안 소홀하게 다뤘던 부분을 효율적이고 꼼꼼하게 다룰 수 있게 되었습니다. 그 결과 작업 도중 에러 발생률이 현저히 줄어들었고, 오랫동안 괴롭히던 에러의 원리도 알게 되어 힘들게 했던 작업 능률을 향상시킬 수 있었습니다.

이 책을 통해 많은 분들이 MAYA를 효과적으로 다룰 수 있는 아티스트 분들이 되기를 바라며 열심히 번역했습니다. 고맙습니다.

- 역자. 신동선 -

# 추천의 말

지금까지 MAYA를 20년 정도 사용하면서 수많은 프로젝트를 진행해 왔습니다. 특히, 근 10년 동안은 애니메이션의 캐릭터 리깅과 영화의 크리쳐 리깅을 전문적으로 참여해왔습니다.

오랫 동안 MAYA를 전문적으로 사용해오다 보니 꽤 많은 내용을 알고 있는 것 같으면서도, MAYA의 기본 개념과 지식을 간과한 채 깊은 이해가 부족한 것은 아닌지에 대해서도 항상 의구심을 가지고 있었습니다. 또한 실무 경험 없이 학원 또는 학교 등에서 MAYA의 기초 메뉴만을 익힌 신입 직원들과 함께 프로젝트를 진행해야 할 때는 어느 부분부터 어떤 방식으로 이해시키면서 함께 일을 해나가야 할지에 대한 어려움을 겪은 적도 많았습니다. 팀 내에서 자체적으로 세미나를 준비하여 좀 더 깊이 있는 내용들을 공유도 해봤지만, 제 의도와는 다르게 낯설기만 한 원론적인 내용들을 처음 접한 팀원들은 MAYA를 더욱 어렵게 생각하는 경우도 있었던 것 같습니다.

실제 MAYA의 가장 기본 이론이 되는 선형대수나 행렬, 삼각함수는 많은 MAYA 유저들에게도 막연히 어렵게만 느껴지고 피하고 싶은 부분일 것입니다. 하지만, 이것을 완전히 배제하고 리깅 프로젝트를 진행한다는 것은 단기적으로 가능한 것처럼 보이지만, 중장기적으로는 어려운 경우가 많아서 사실상 쉽게 지나칠 수만은 없는 상황입니다. 지금 생각해 보면 팀장으로서 열정은 앞섰지만 좀 더 명쾌하고 이해하기 쉽게 설명해 주지 못한 미안한 마음이 들기도 합니다. 그러던 중 우연히 리깅 파트 내용을 담은 이 책의 일본어판에 대해서 듣게 되었습니다. 꽤 반가운 소식이었지요. 흔치 않은 MAYA의 리깅 관련된 책이었기에 더더욱 관심을 가지게 되었습니다 .

이 책은 MAYA의 프로세서를 설명하면서 리깅파트를 설명했다는 것과 MAYA의 작업자가 쉽고 친근하게 접근할 수 있도록 만화라는 매체를 사용했다는 것이 큰 매력인 책입니다. 한국어판을 직접 읽어보면서 매뉴얼적인 설명에만 치중한 기존 MAYA 도서들과는 달리, 리깅파트의 핵심적인 부분을 설명하면서 풍부한 실무 노하우까지 잘 가이드되어 있다는 것을 알 수 있었습니다.

# 추천의 말

MAYA의 기본적인 노드(node) 구조에 필수적으로 나오는 DAG(Dependency Acyclic Graph)와 DG(Dependency Graph)에 대해서 명쾌하게 잘 설명하고 있으며, 이를 바탕으로 transform node와 joint orientation 등의 축에 관한 설명까지하면서 많은 작업자들이 간과해 왔던 중요한 포인트들을 매우 쉽게 이해할 수 있도록 풀어주고 있습니다. 또한, skin deformation을 위한 cage 모델에 대한 설명은 이 책이 저자의 풍부한 실무 경험을 바탕으로 쓰인 것임을 엿볼 수 있었습니다. 또한 후반부 MAYA의 메쉬 노드 구조에서 intermediate object와의 연계적인 설명은 이 책의 수준이 상당히 깊다는 것을 느꼈습니다.

특히, [Part 6]의 상황에 대한 주인공 캐릭터의 울분을 묘사한 부분은 재미있으면서도 함께 일했던 감독님, 슈퍼바이져, 클라이언트들에게도 이 책을 권하고 싶은 생각이 들 정도였습니다.

이 책은 리깅이나 셋업 작업자들을 위한 기본서로 볼 수도 있지만, MAYA의 1~2년 차 초보자들과 이 분야의 전공생들에게도 매우 큰 도움을 주는 입문서라고 생각됩니다. 특히 모델러들에게 추천해주고 싶은 이유는, 이 책이 MAYA의 모델러(주인공 이름도 마야입니다)가 작업한 데이터가 어떻게 리깅 데이터로 가공되는지에 대한 설명으로 진행되기 때문입니다. 이는 실무 프로젝트를 진행할 때 매우 중요한 과정입니다. 또한 모델링 위주의 MAYA 초보자들에게도 모델링 후 진행되는 프로세서를 익히게 된다면, 전반적인 작업 프로세스를 이해하는데 큰 도움이 될 것입니다.

200 페이지 정도의 길지 않은 분량의 이 책은 기본적으로 MAYA의 메뉴 정도만이라도 이해하고 있는 분들에게 아주 큰 도움이 될 것입니다. 이 책을 읽어나가는 것만으로도, 어렵고 답답하게만 느껴왔던 MAYA의 구조(특히 노드 구조)를 쉽게 이해할 수 있기 때문입니다. 이 책을 통해서 MAYA에 대한 이해와 자유를 얻고 리깅파트에 대한 기초 지식을 얻는다면 정말 좋은 투자는 물론 훌륭한 결실까지 얻게 될 것입니다.

[차윤석] 디지털 아이디어 리깅 팀장

# 추천의 말

꽤 많은 사람이 MAYA를 사용하면서도 MAYA의 내부 동작 원리를 이해하지 못 해서 불필요한 작업을 하거나 피할 수 있는 오류들 때문에 힘들어하는 것을 보아 왔습니다. 이 책은 MAYA의 내부 동작 원리에 대해 리깅(캐릭터 셋업)을 기반으로 설명하고 있지만, 깊이 있는 내용을 전달력 있게 설명하고 있어서 MAYA 유저라면 분야에 상관없이 많은 도움을 받을 수 있을 것입니다. 이 추천사를 위해 책을 읽는 동안, '저자는 정말 마야를 잘 이해하고 있구나' 하는 생각이 여러 번 들었습니다.

**[전계도] DreamWorks Animation Technical Director**

이 책은 MAYA의 여러 가지 툴의 구성과 리깅의 기초 개념에 대한 알기 쉬운 설명이 인상적입니다. 굳이 리거가 아니라도 한 번쯤 MAYA를 공부하는 입문생이라면 읽어 봄직한 내용들로 구성되어 있습니다. 더구나 만화로 알기 쉽게 설명되다 보니 어느새 술술 읽어나가는 자신도 느낄 수 있을 것입니다.

**[김형우] 모팩 VFX 애니메이터 수석**

이 책은 읽기 쉬운 만화로 되어 있지만 실제 내용은 MAYA의 근본부터 시작해서 최종 아웃풋까지 많은 부분들을 다루고 있습니다. 리깅을 하면서 무심코 넘겼거나 대충 알던 세부적인 부분들을 다시금 일깨워줬고 깊이 있는 부분까지도 알기 쉽게 설명되어 있습니다.

리깅 과정에서 문제가 될 수 있는 모델링의 히스토리에 관한 부분이나 조인트의 특성에 대해서 어렵게 생각하지 않도록 자세히 잘 유도해주고 있습니다. 실제 이 부분들을 지나치고 MAYA를 다루다 보면 실무에서 많은 오류를 겪게 되는데 이 책의 내용을 잘 이해한다면 MAYA 기반의 파이프 라인에 걸맞은 안정적인 결과물을 만들 수 있을 것입니다.

이 책에서 소개하고 있는 MAYA의 구성 개념들을 제대로 이해하고 리깅을 한다면 3D로 만드는 거의 모든 오브젝트들의 움직임을 무리 없이 리깅할 수 있을 것입니다. 리깅을 하고 계시거나 리거를 목표하시는 분, 모델러, 애니메이터 등 MAYA를 다루는 분들께 정말 많은 도움이 될 것 같습니다.

**[한중수] TUBAn 테크니컬실 테크니컬 팀장**

# 추천의 말

어쩌면 MAYA 초보자 분들에게 약간 어려울지도 모르지만, MAYA를 이용해서 무언가를 한번 만들어 보셨던 분들, 만들면서 무언가 궁금했던 분들에게 반드시 도움이 될 것입니다. MAYA라는 세상에 한 발 더 깊게 나아가고 싶으신 분들에게 추천을 드립니다.
**[연소하] 네이버 MAYA 블로거**

이 만화는 MAYA의 리깅이라는 한 분야를 기초부터 시작해서 리깅에 필요한 이론까지 아주 잘 다루고 있습니다. 만화이기 때문에 내용이 가벼울 것으로 생각했지만 그건 기우에 불과했습니다. 그냥 글로 풀어서 쓰면 너무 딱딱해지기 쉬운 내용도 만화라는 형식을 빌렸기 때문에 집중해서 보게 되면서 흐름을 따라가는 게 가능했습니다. 캐릭터 두 명이 등장하여 내용을 풀어나가는 만화지만, 팀장과 신입사원 컨셉의 회사 환경으로 이어지기 때문에 자연스럽게 내용에 더 집중할 수 있었던 것 같습니다.

개인적으로 MAYA를 오랫동안 사용해왔지만 모델링을 주로 했던 만큼 리깅 분야를 제대로 이해하기 어려웠습니다. 그럴듯한 캐릭터를 만들었는데 막상 리깅에 들어가면 막히는 부분도 많고, 내가 원하는 대로 제대로 표현을 못 하고 어설프게 마무리되는 일이 많았습니다. 그런데 이 책을 통해서 그동안 몰랐던 이론 부분들도 알게 되었고, 예전에 리깅 작업을 하면서 무엇이 부족해서 제대로 된 리깅을 하지 못했는지를 되짚어 볼 수도 있어서 이 책으로 리깅을 조금 더 이해할 수 있게 된 것 같습니다.
**[배건호] EA Korea 3D 아티스트**

저처럼 리깅/애니메이션의 기초지식이 부족한 사람은 쉽지 않은 책입니다. 하지만 MAYA로 작업하면서 나와는 관계가 없다며 무시했던 부분들에 대한 생각이 바뀌었습니다. 주로 리깅을 다루는 책이지만, MAYA의 노드 구동 원리를 다루면서 MAYA 자체를 느낄 수 있게 해주고 있습니다. 극 중 여주인공 마야에게 빙의되어 나 자신도 성장하는 듯한 느낌을 간접적으로 체험해볼 수 있어서 좋았습니다.
**[송채윤] MAYA를 배우고 있는 학생**

# 목차

처음에     3

  Part 1   MAYA를 알기 위해 - 초보 -     19

  Part 2   MAYA를 알기 위해 - DAG -     36

  Part 3   MAYA를 알기 위해 - 조인트(Joint) -     55

  Part 4   조인트(Joint) 배치하기     71

  Part 5   바인드(Bind)를 위한 준비     96

  Part 6   바인드(Bind)     109

  Part 7   스키닝(Skinning)과 웨이트(Weight) 조절     130

  Part 8   디펜던시 그래프(Dependency Graph)     152

마지막 - 데이터의 흐름을 보다     182

후기     217

여주인공 [ 마야 ]

**\* 일러두기**
이 책에 등장하는 여주인공의 이름은 [ 마야 ] 입니다 .
책에서 설명하는 3D 툴은 Autodesk 사의 [MAYA] 이며 , 여주인공과 구분하기 위해서 대문자로 표기했습니다 .

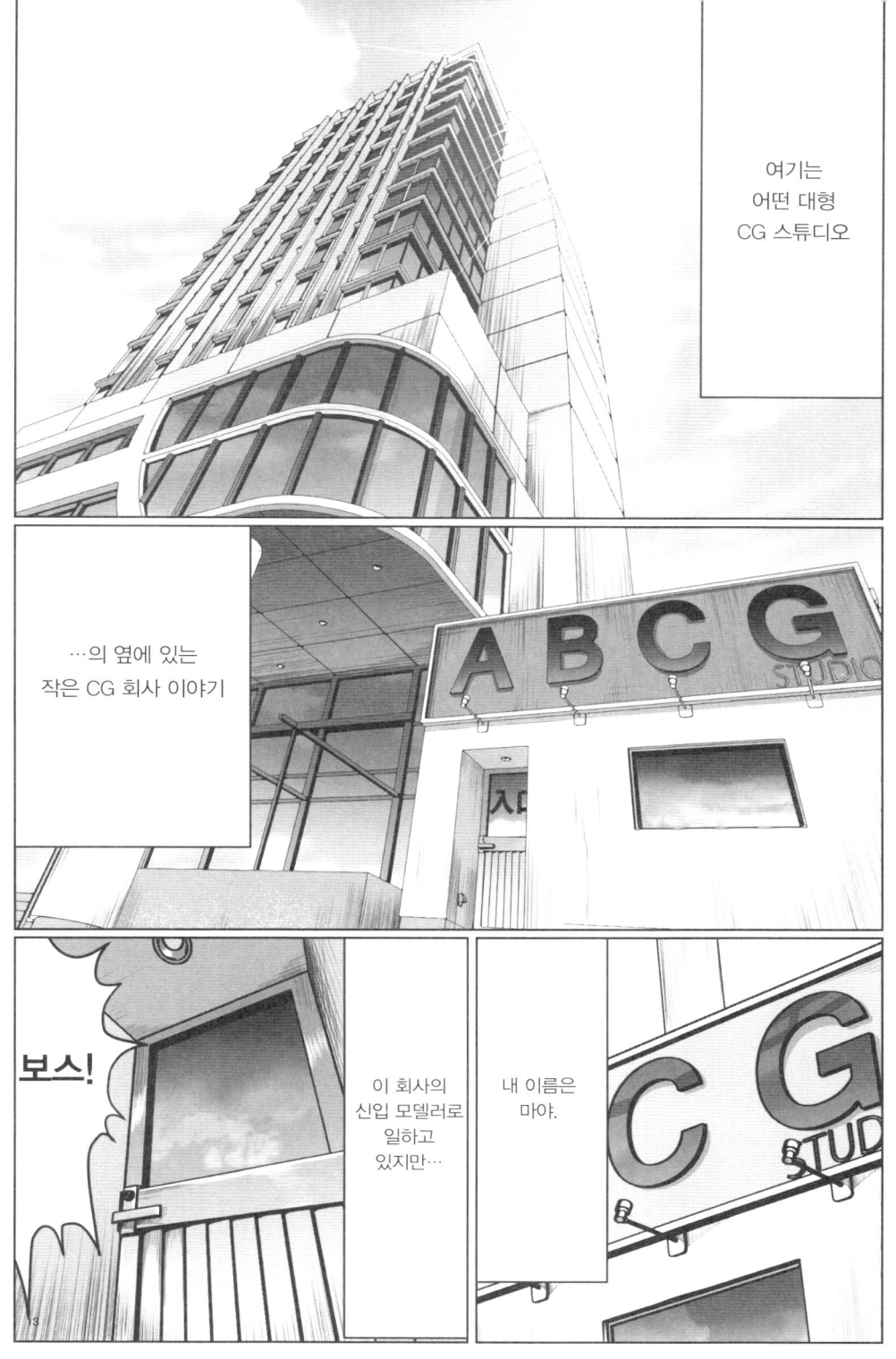

Part 1

# MAYA를 알기 위해 −초보−

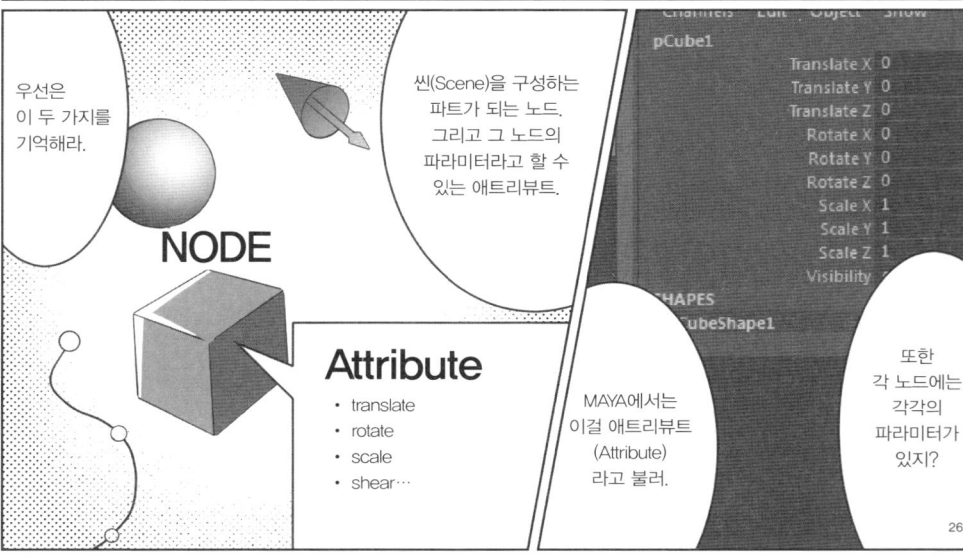

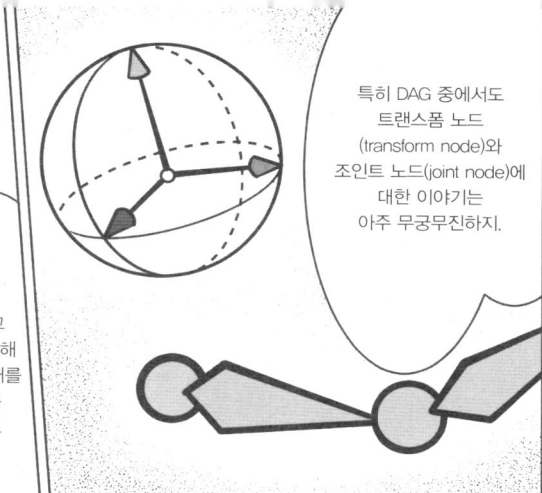

특히 DAG 중에서도 트랜스폼 노드(transform node)와 조인트 노드(joint node)에 대한 이야기는 아주 무궁무진하지.

이렇게 개념을 알고 그 원리에 대해 하나씩 실타래를 풀어나가는 것이야말로

헤… 말하자면, 차지만 켄!*의 나레이션을 하고 싶었던 거네요?

(* 1974년 4월 방영된 일본 애니메이션)

위대하고 스펙타클한 로망이 펼쳐지는 길이지.

아까 노드에 대해서 얘기했을 때 노드의 파라미터를 애트리뷰트라고 부른다고 했는데

또 하나의 키워드인 DG는 평소에 익숙하지 않기 때문에 조금 더 자세히 설명해주마.

뭐… 그 이야기는 나중에 좀 더 깊게 들어가 보자.

이 애트리뷰트는 다른 애트리뷰트에 접속하는 것이 가능하다.

이 연결을 DG라고 한다.

잘 부탁해요.

예쁘게 봐주세요.

그걸 보면 pCylinder의 translateX에서 pSphere의 translateY로 연결이 생긴 걸 알 수 있지?

주석 같은 게 나왔어요!

잔말 말고 pCylinder에서 pSphere로 연결된 화살표 위에 마우스 커서를 올리면

하는 김에, pCylinder의 translateX와 pSphere의 translateY의 값을 비교해봐.

그리고 이 연결… 이후로는 커넥션이라고 부르겠다만, 이 커넥션을 편집할 수 있는 것이 커넥션 에디터 (Connection Editor). 그리고 이 흐름을 볼 수 있는 것이 하이퍼그래프 (Hypergraph)의 커넥션 모드 (Connection mode)야.

이 연결이 DG… 즉, 디펜던시 그래프 (Dependency Graph)이다.

애트리뷰트간의 커넥션이라고 하면 어렵게 들리겠지만, 실제 이런 방식으로 연결된 상대방에게 값을 보내는 것에 지나지 않는 거지.

앗! 같네!?

(마야) 후우우…
(보스) 뭔가 확실하게 와닿지 않는 거라도 있나?
(마야) MAYA는 뭐든 노드로 되어 있고, 그것을 조작하면 여러 가지를 할 수 있다고 아까 말씀하셨잖아요?
(보스) 어. 그렇게 말했었지.
(마야) 그렇지만 이건… 냉정하게 생각하면 이런 거 필요 없지 않나요?
(보스) 응?
(마야) 뭐, 렌더링 설정을 건드리고 싶으면 렌더 세팅(Render Setting)을 열면 되고, 애니메이션을 지우고 싶으면 그래프 에디터(Graph Editor)를 열어서 애니메이션 커브를 선택해서 지우면 되는 것 아닌가요?
(보스) 흠흠…
(마야) 아까는 보스의 퍼포먼스에 압도됐지만, 딱히 일부러 노드로 되어 있을 필요는 없잖아요.
(보스) 후후후… 얕은 자여.
(마야) !!?
(보스) 확실히 UI에서 조작하는 것뿐이면, 딱히 필요성을 느낄 수 없지. 그렇지만 이걸 스크립트에서 조작한다면 어떻게 될까!!?
(마야) 으…! (별로 듣고 싶지 않은 말)
(보스) 지금, 별로 듣고 싶지 않다고 생각했지? 그렇지만, 그렇게 생각하지 말고, 한 번 들어봐. 마야군.
(마야) …
(보스) MAYA는 멜 스크립트(MEL Script), 파이썬 스크립트(Python script)로 조작하는 게 가능하다는 건 알고 있지?
(마야) 네!
(보스) 그럼 시험 삼아 멜 스크립트에서 큐브의 translateX를 10으로 해 보자. 그 스크립트는 다음처럼!

    setAttr "cube.translateX" 10;

(보스) translate는 애트리뷰트다.
즉, 어떤 노드의 어떤 애트리뷰트에 액세스하고 싶은 경우에는 스크립트창에
   "노드 이름.애트리뷰트 이름"

이라고 쓰면 되는 거지.
그 애트리뷰트에 값을 넣기 위해 setAttr을 쓰니까…
즉 SetAttribute를 뜻하는 명령어를 쓰는 거지.

반대로 translateX의 값을 가져오고 싶은 경우에는 이렇게 해.

    getAttr "cube.translateX";

| | |
|---|---|
| (보스) | 자세한 내용은 길고, 본질에서 멀어지니까 이번에는 설명하지 않지만 이런 느낌으로 값을 넣거나 값을 받는 것을 간단하게 할 수 있지. |
| (마야) | 확실히 이걸 보면 좀 간단할지도? |
| (보스) | 그렇지? 그러면 이번에는 렌더링 해상도를 설정할 경우에는 어떻게 할까? |
| (마야) | 에!? 그렇게 갑자기 말하면….. 어떻게 하면 좋을까요? |
| (보스) | 아까 노드 이야기에서 얘기했지? 렌더링 해상도를 설정하는 노드는… |
| (마야) | 아. 무슨 레졸루션!! |
| (보스) | 디폴트 레졸루션(defaultResolution)이다.<br>이 디폴트 레졸루션 노드에서 렌더링 화면의 넓이와 높이의 정보를 가진 놈으로 width 애트리뷰트와 height 애트리뷰트가 있다.<br>라는 건… |
| (마야) | !?<br>설마. 아까의 setAttr로…? |
| (보스) | 바로 그거다!! setAttr을 이런 식으로 쓰면<br>　　　　setAttr "defaultResolution.width" 1920;<br>　　　　setAttr "defaultResolution.height" 1080; |
| (보스) | 이걸로 full HD의 렌더링 설정은 끝이다. |
| (마야) | 역시, 같은 명령어로 큐브의 이동도 렌더링 해상도도 설정할 수 있는 거군요~ |
| (보스) | 바로 그거지.<br>이렇게 규격을 통일함으로써 여러 다양한 조작을 같은 명령어로 할 수 있어.<br>실제로 ma 파일의 내용을 자세히 보면 대부분이 createNode, setAttr, connectAttr로 구성된 걸 볼 수 있지. |
| (마야) | 헤헤~ 그런 거였구나~ |
| (보스) | 뭐. 실제로는 이 명령어만으로 생성하는 것은 힘들고 그것을 돕는 편리한 명령어가 잔뜩 있지만.<br>나머지는 통일된 규격이 확실하기 때문에 그 구성을 아는 것도 간단해지지.<br>따라서 받은 데이터에 문제가 생겼을 경우에 해결 방법의 기준도 세우기 쉽다. |
| (마야) | 잘 만들어져 있군요~ |
| (보스) | ……. 사실은 아직도 잘 모르겠지? |
| (마야) | !!!! 아. 아니요… 그럴 리가… 제대로 알고 있어요. |
| (보스) | 뭐 됐다. 지금부터 확실하게 그 주변도 공부해나가면 되지. |
| (마야) | 우우… 공부는 싫어… |

# Part 2
# MAYA를 알기 위해 -DAG-

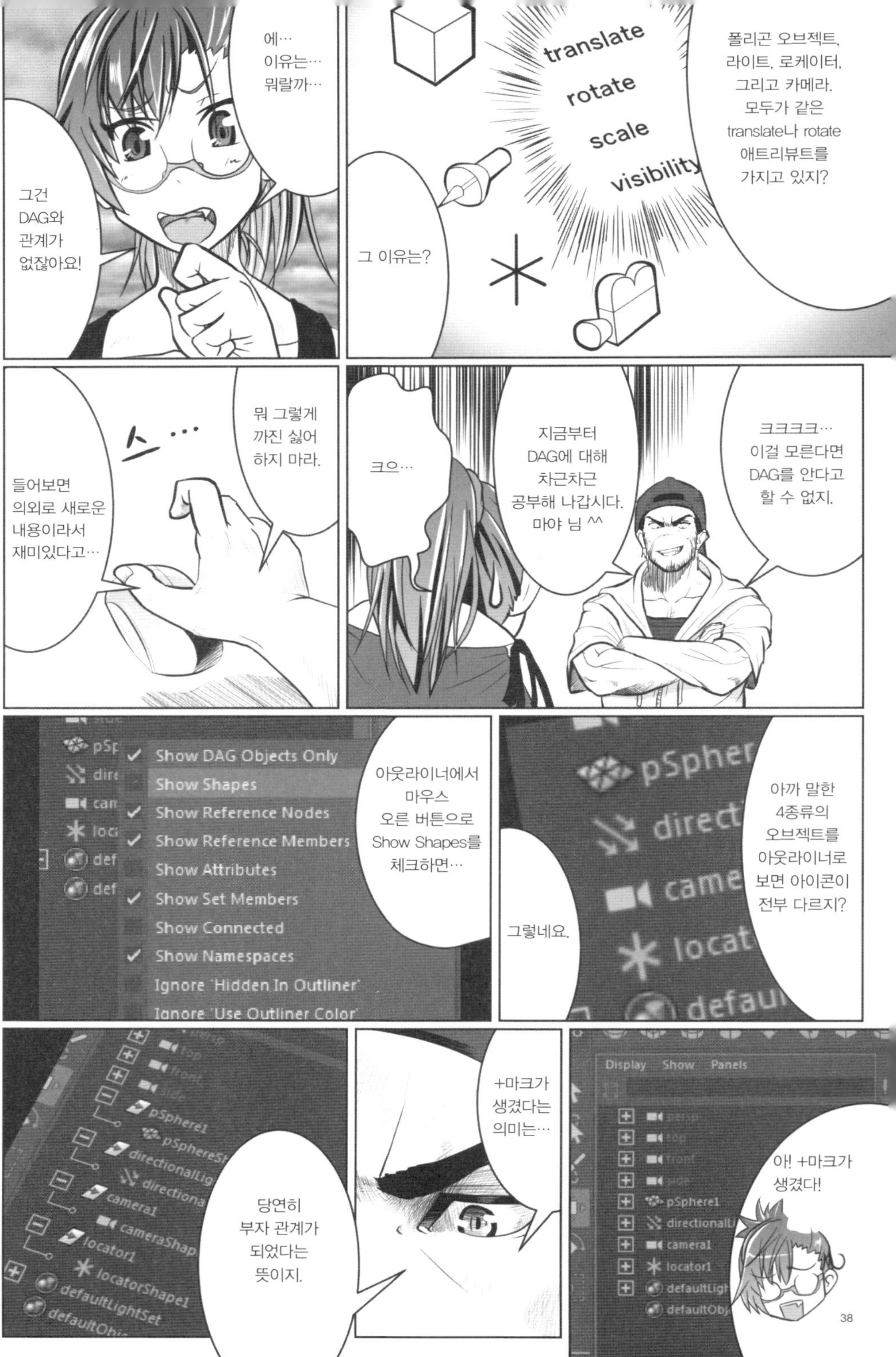

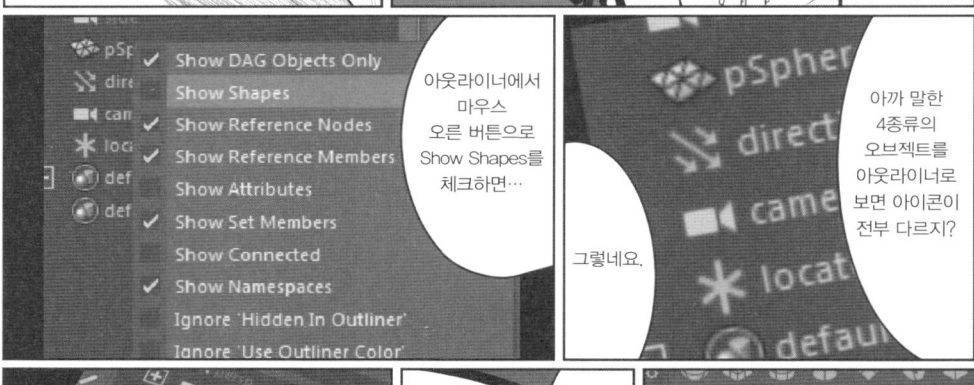

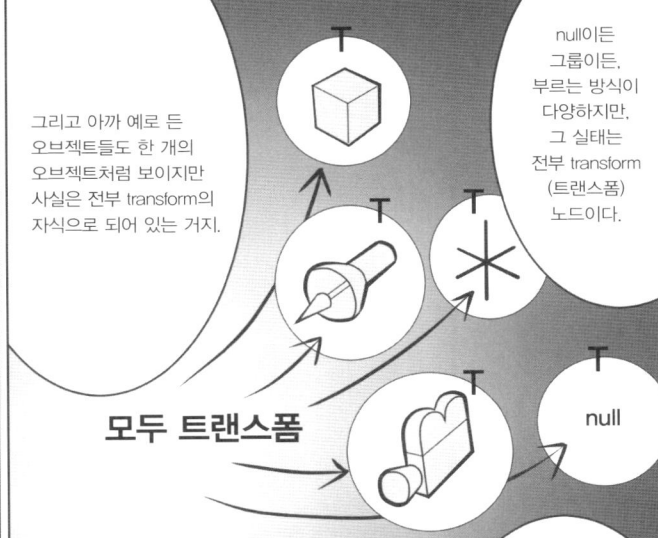
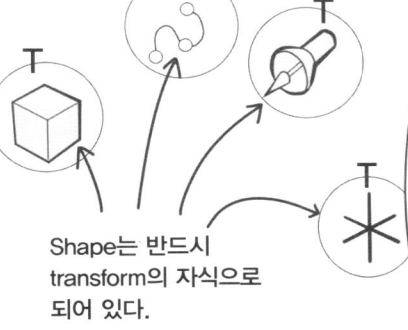

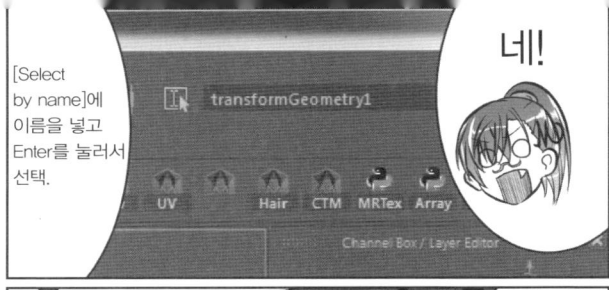

[Select by name]에 이름을 넣고 Enter를 눌러서 선택.

네!

시험 삼아 transformGeometry1을 지워 보자.

정신 차리고

어째서…?

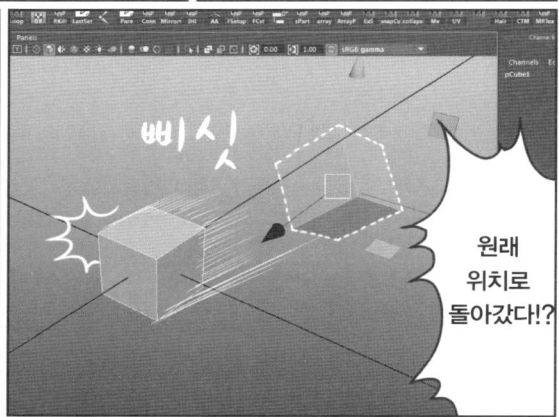

삐싯

원래 위치로 돌아갔다!?

여기서 말하는 변형은 translate나 rotate 같은 이동 또는 회전을 뜻해.

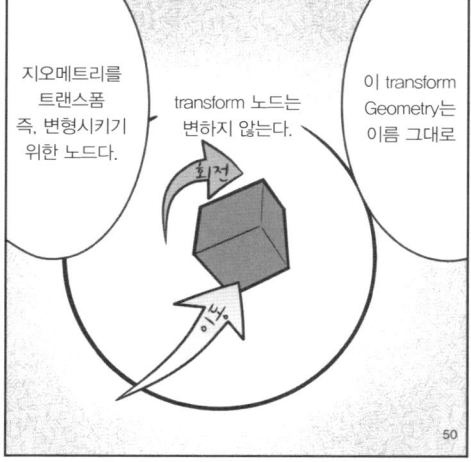

지오메트리를 트랜스폼 즉, 변형시키기 위한 노드다.

transform 노드는 변하지 않는다.

이 transformGeometry는 이름 그대로

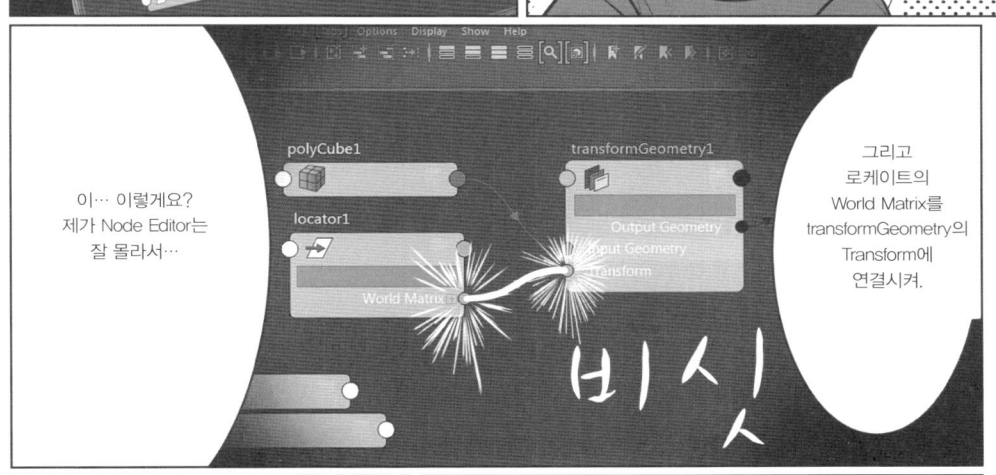

Part 3

# MAYA를 알기 위해 -조인트(Joint)-

그래.
즉, 조인트는 기울기를 유지한 채로 프리즈 할 수 있다는 뜻이다.

제대로 유지!

기울기가 돌아갔다

오! 눈치 챈 것 같군!

씨익

그건 아마도 조인트의 본질이 골격의 시뮬레이션이기 때문일 거다.

근데 왜 transform 노드와 조인트에 그런 차이가 있나요?

뼈의 기본 동작은 회전이다. 그래서 초기 포즈를 잡을 때 그 포즈를 유지하면서 회전값을 0으로 할 수 있도록 설계되어 있는 거지.

이걸 대충 하면 나중에 귀찮아지므로 할 때 제대로 하자!

히죽 히죽

조인트 축의 관리는 조인트 작성의 기초

까드득 짝

반대로 말하면, 조인트를 만들 때는 그 조인트의 축을 제대로 해 줄 필요가 있다는 뜻이야.

네…

우… 그건 힘들 것 같은데…

60

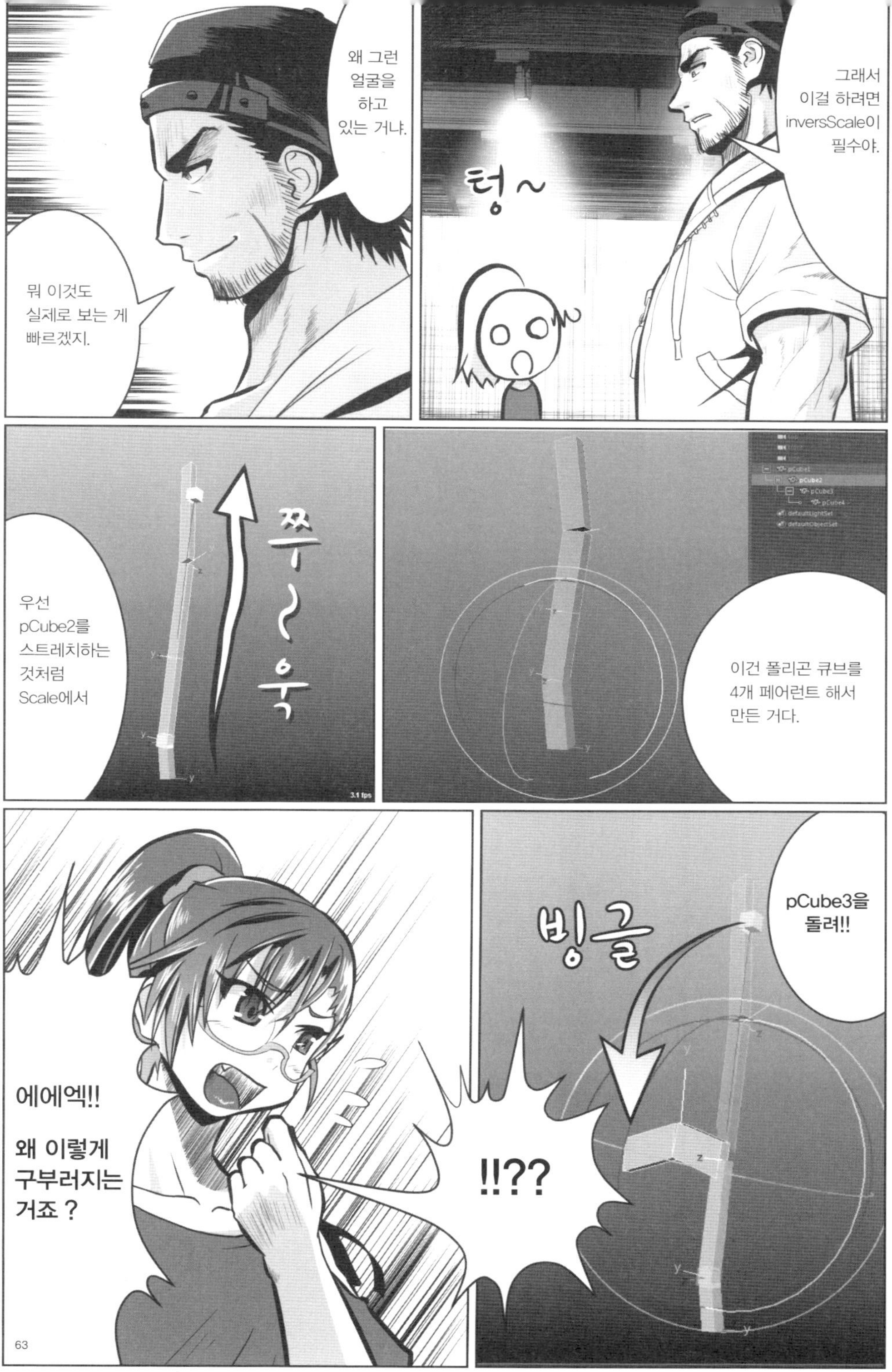

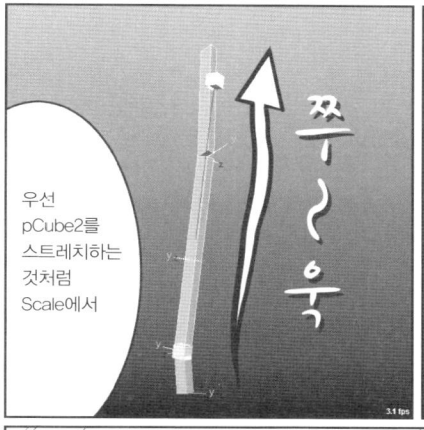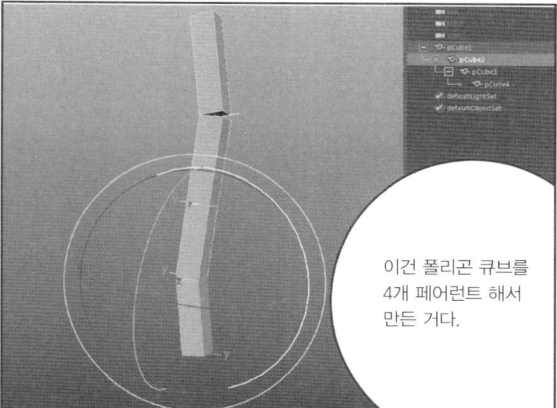

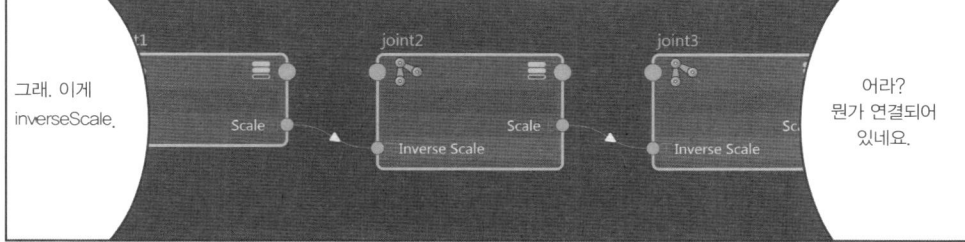
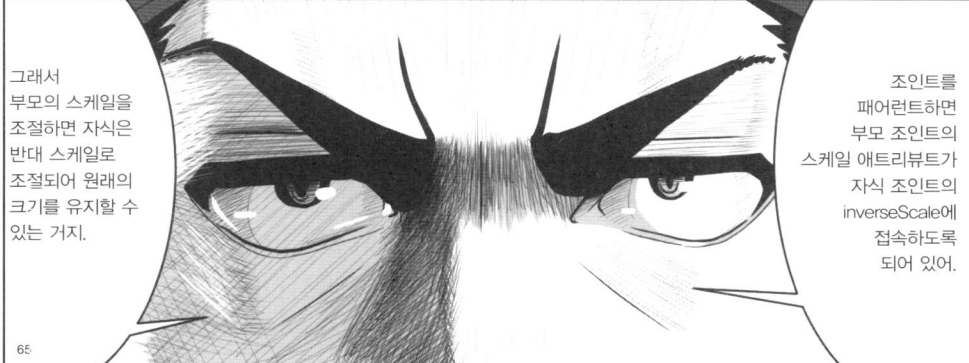

# 행렬에서 못다 한 이야기

(마야) 끙.

(보스) 왜 그러지? 그렇게 끙끙대면서.

(마야) 하아, 아까 트랜스폼과 조인트에 대해 공부했는데요.

(보스) 뭔가 이해가 안 가는 게 있나?

(마야) 생각해보면 트랜스폼과 조인트는 나눌 필요가 없지 않나요? 양쪽의 특성을 가지는 '완전 대단한 스페셜 노드'같은 게 있으면 그걸로 충분하지 않나요?

(보스) 뭐 그 이상한 이름은 됐고 확실히 그런게 있으면 이상적이지. 솔직히 나도 따로 쓰는 건 귀찮거든.

(마야) 그렇죠!!!!!

(보스) 그렇지만 조인트 쪽의 속성들을 묶은 이유는 퍼포먼스에 있는게 아닐까?

(마야) 아… 퍼포먼스요?

(보스) 예전에 트랜스폼 얘기를 했을 때 행렬 이야기도 조금 했었지?

(마야) 아… 행행행행…

(보스) 너 행행이냐?

트랜스폼이나 조인트의 위치나 회전같은 변환 정보는 내부적으로는 행렬에 의해서 산출되고 있다.

3D CG에서는 아래와 같은 4×4 행렬이 사용된다.

$$\begin{matrix} 1 & 0 & 0 & 0 \\ 0 & 1 & 0 & 0 \\ 0 & 0 & 1 & 0 \\ 0 & 0 & 0 & 1 \end{matrix}$$

(마야) …

(보스) 그런 얼굴 하지 말라고 (훗)

이 행렬을 보는 방법은 이번에는 생략하지만 CG에서는 이 행렬의 곱셈이 빈번하게 사용된다.

(마야) 헤에~ (영혼이 빠져나간 눈)

(보스) 예를 들자면 행 A와 B의 곱셈을 하면 아래와 같다.

$$\begin{pmatrix} a & b & c & d \\ e & f & g & h \\ i & j & k & l \\ m & n & o & p \end{pmatrix} \times \begin{pmatrix} A & B & C & D \\ E & F & G & H \\ I & J & K & L \\ M & N & O & P \end{pmatrix} = \begin{pmatrix} a*A+b*E+c*I+d*M & a*B+b*F+c*J+d*N & a*C+b*G+c*K+d*O & a*D+b*H+c*L+d*P \\ e*A+f*E+g*I+h*M & e*B+f*F+g*J+h*N & e*C+f*G+g*K+h*O & e*D+f*H+g*L+h*P \\ i*A+j*E+k*I+l*M & i*B+j*F+k*J+l*N & i*C+j*G+k*K+l*O & i*D+j*H+k*L+l*P \\ m*A+n*E+o*I+p*M & m*B+n*F+o*J+p*N & m*C+n*G+o*K+p*O & m*D+n*H+o*L+p*P \end{pmatrix}$$

(마야) 으아악!!

(보스) 굉장하지? 곱셈 64회. 덧셈 48회. 그리고 트랜스폼노드의 행렬을 산출하기 위해 다음처럼 행렬의 곱셈을 하고 있다.

T-matrix = -SP * S * SH * SP * ST * -RP * RA * R * RP * RT * T

(마야) 에!?

이 SP 곱하기 S라거나 RT 곱하기 T라거나… 각각 한 개 한 개가 아까 설명한 **행렬의 곱셈**인가요? 만약 그렇다면 말도 안 되는 양의 계산이 되는데요…

(보스) 말 그대로. 이 글자 하나하나가 4 X 4의 행렬이 된다.

(마야) 히익…

(보스) 그런데 조인트**의 행렬을 산출**하기 위한 계산은 이런 식으로 되어 있지.

J-matrix = S * RO * R * JO * IS * T

(마야) 엥? 이것뿐인가요?

(보스) 그래 굉장히 적지? 아까 설명한 조인트의 특성으로 이렇게 계산량이 줄어들었다. 계산량이 적다는 것은 퍼포먼스의 향상으로 이어지기 때문에 이것은 매우 중요한 차이야.

(마야) 그렇군요. * 한 번에 100회 정도**의 계산을** 하고 있다고 생각하면 엄청 달라지네요.

(보스) 조인트는 바인드하거나 있거나 IK를 붙인다거나 해서 계산량이 많은 즉. 처리량이 많으니까 기본이 되는 조인트**의 계산량**을 줄여서 퍼포먼스가 조금이라도 향상되도록 한 게 아닐**까**.

(마야) 역시. 이런 것 하나에도 생각할 게 많군요…

그런데 보스는 어떻게 이런 계산방법까지 알고 있나요?

(보스) 응? 계산방법이라면 MAYA의 도움말에 들어 있다. 테크니컬 도큐먼트의 노드 부분에서 찾아볼 수 있지.

(마야) 아아… 그런데 그런 것까지 나와 있나요?

Part 4

# 조인트(Joint) 배치하기

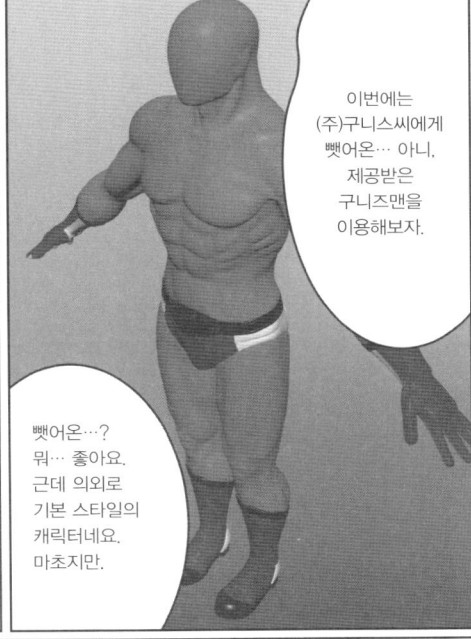

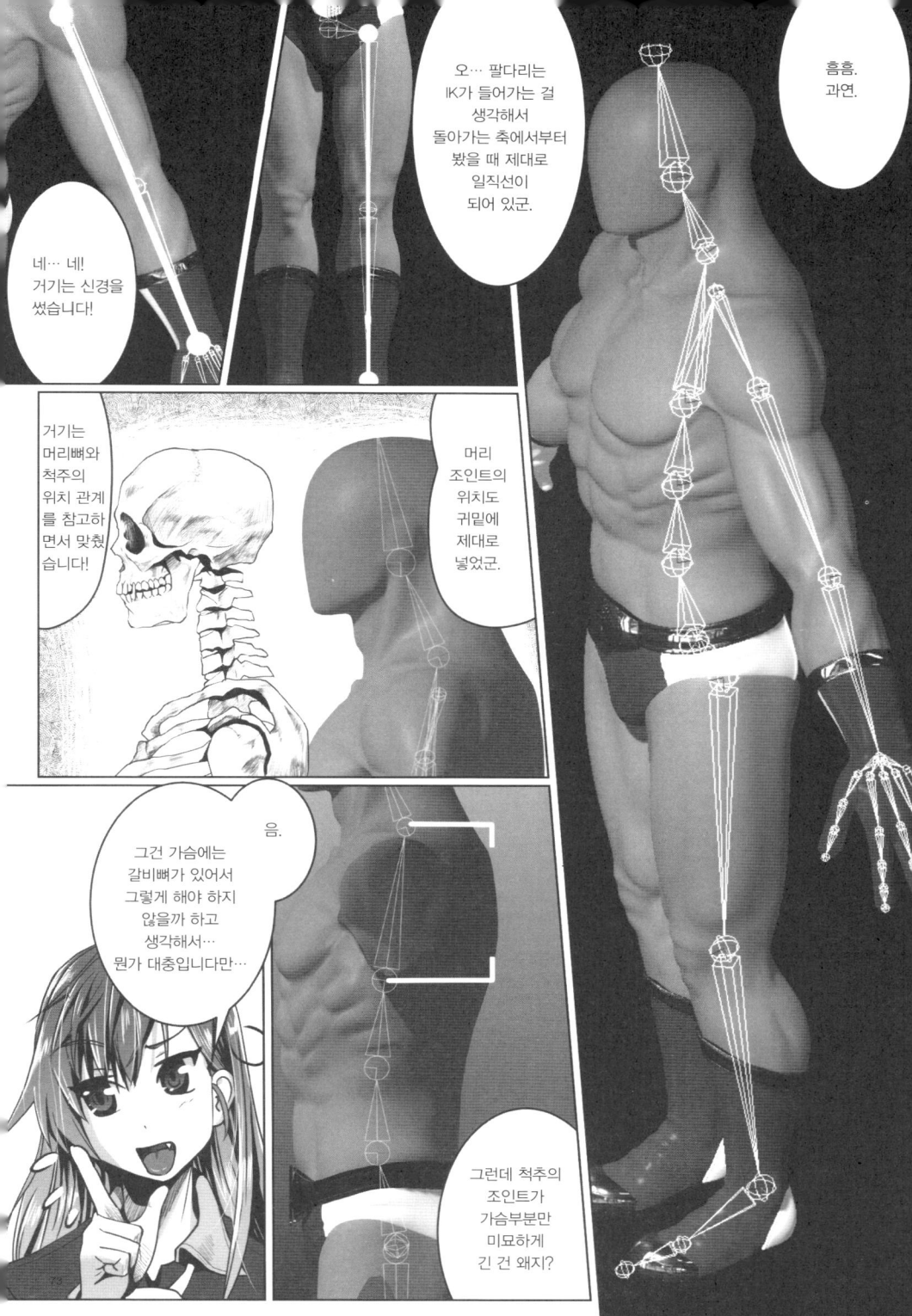

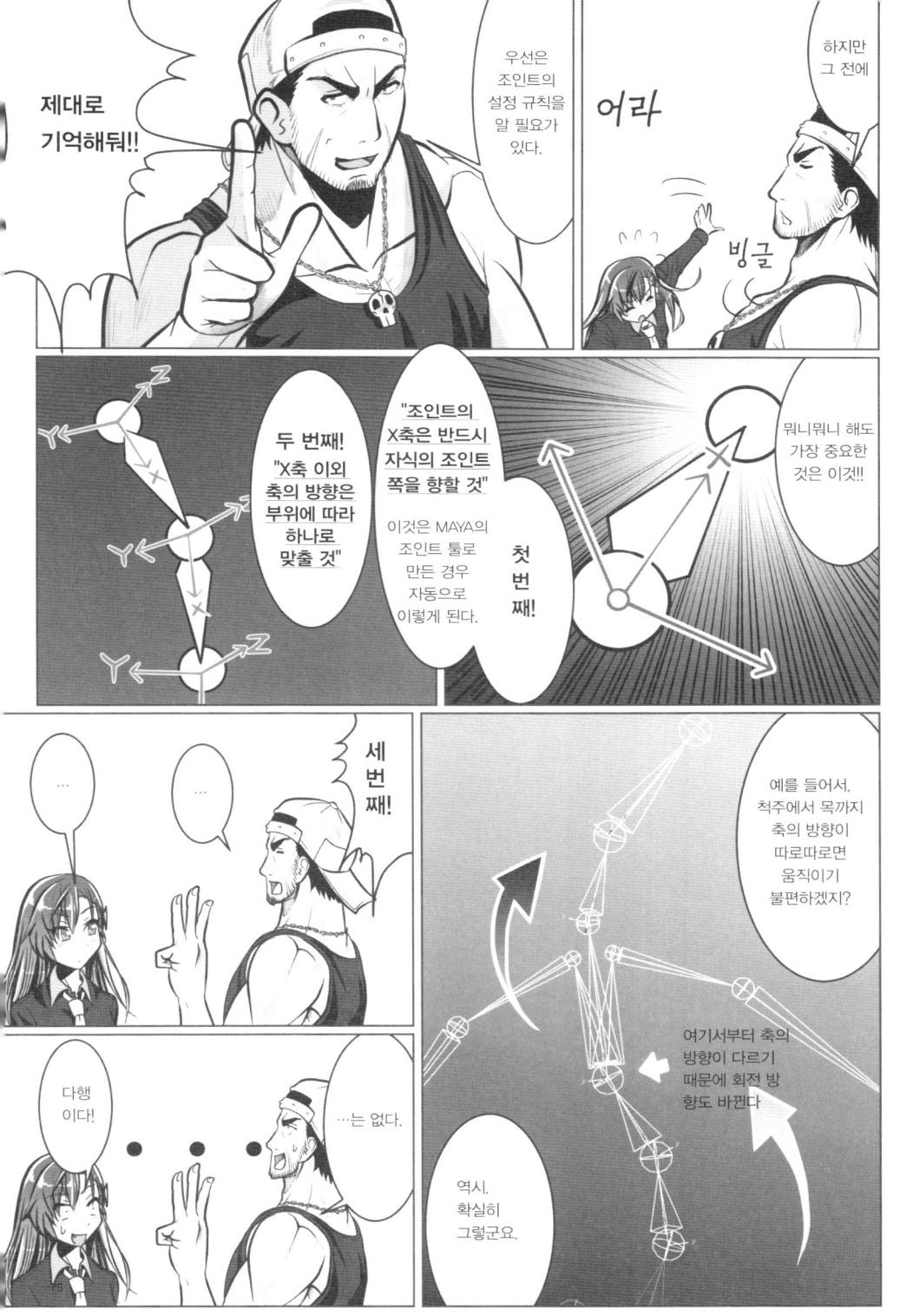

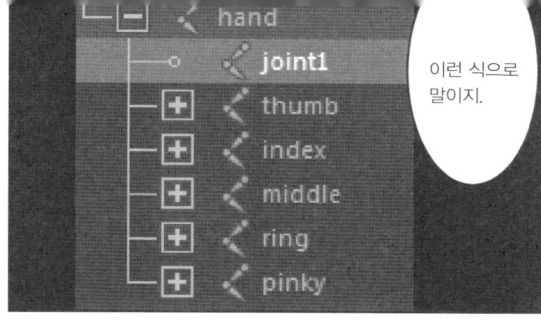
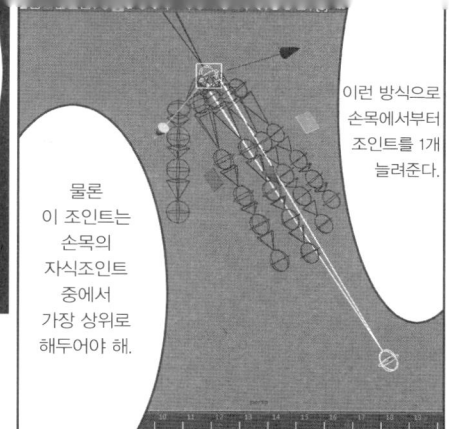

이런 식으로 말이지.

물론 이 조인트는 손목의 자식조인트 중에서 가장 상위로 해두어야 해.

이런 방식으로 손목에서부터 조인트를 1개 늘려준다.

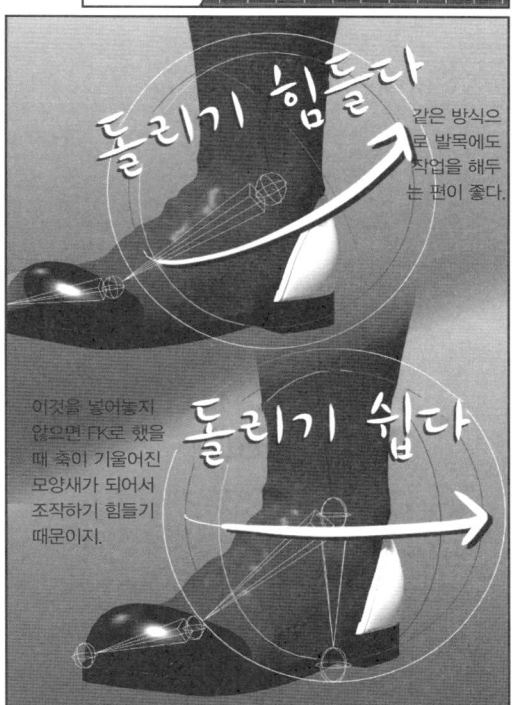

그렇군요~!

뭐든 바인드하는 것만이 조인트가 아니군요.

그렇지.

요소요소 필요에 따라 앤드조인트를 만들어 주면 축의 관리가 상당히 간단해지지.

같은 방식으로 발목에도 작업을 해두는 편이 좋다.

돌리기 힘들다

돌리기 쉽다

이것을 넣어놓지 않으면 FK로 했을 때 축이 기울어진 모양새가 되어서 조작하기 힘들기 때문이지.

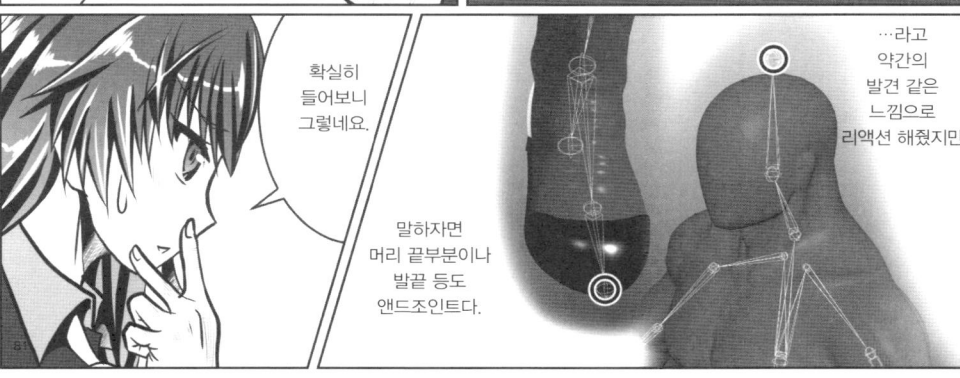

확실히 들어보니 그렇네요.

말하자면 머리 끝부분이나 발끝 등도 앤드조인트다.

…라고 약간의 발견 같은 느낌으로 리액션 해줬지만

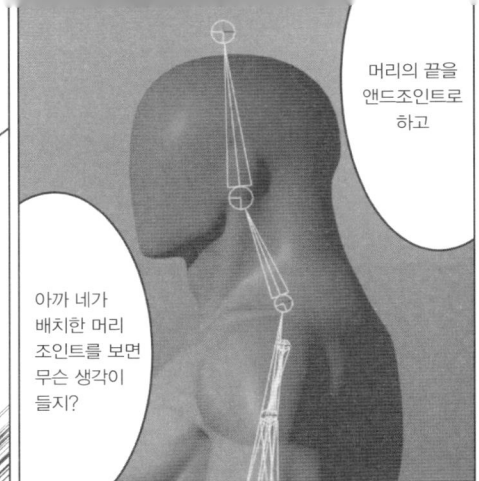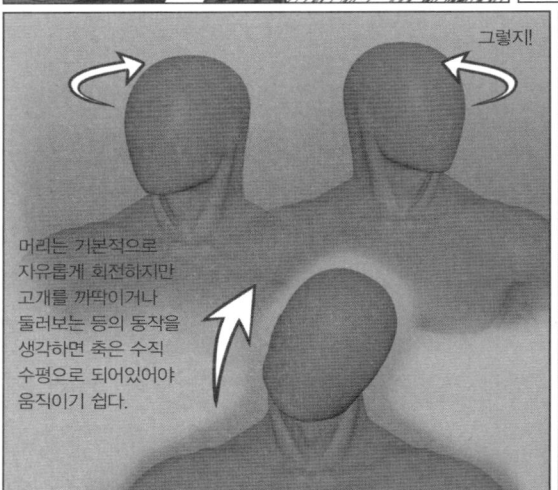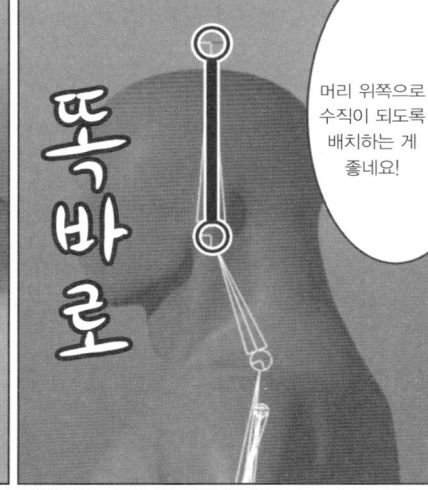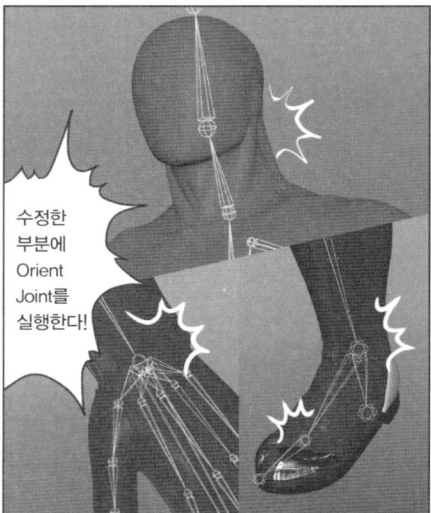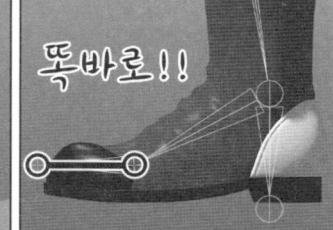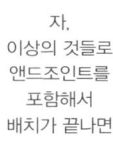

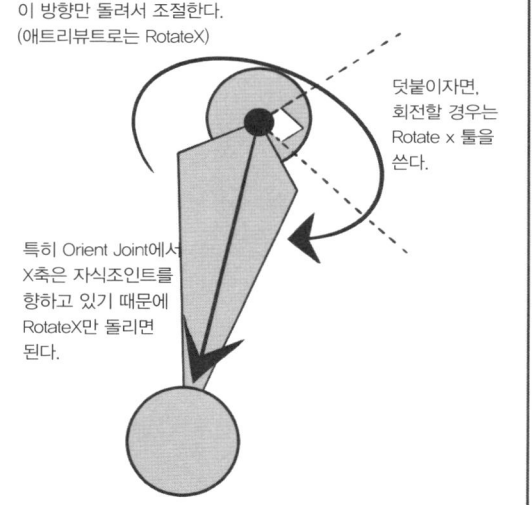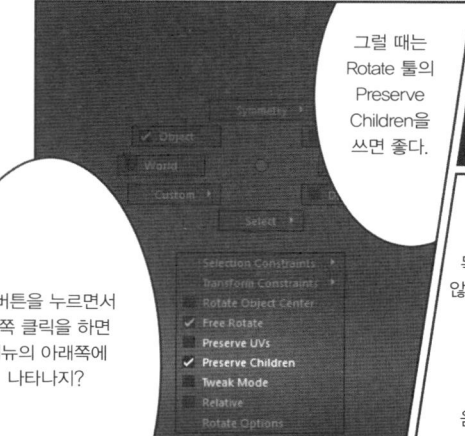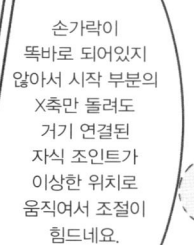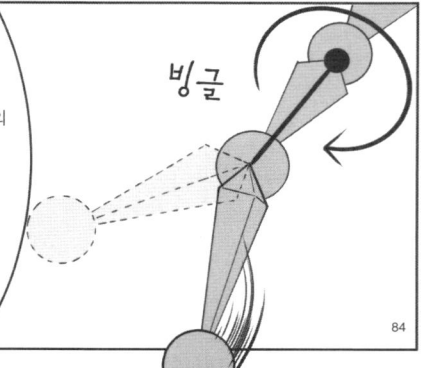

[부위를 나타내는 이름]_[노드 타입]_[위치]

왼쪽 손목 조인트의 이름이라면 이런 식이다.

# hand_jnt_L

음… 이걸로는 무슨 말인지 모르려나?

가운데의 jnt는 조인트를 의미하지.

조인트 : jnt
IK핸들 : ik
트랜스폼 : trs
그룹 : grp
등등…

에…. L은 위치를 나타내는 Left의 L인가요?

transform 노드의 trs나 그룹의 grp처럼 어느 정도 중요한 노드에 대해서는 규정을 만들어두면 좋아.

그래. 이 외에도 오른쪽의 R, 중심의 C 등이 사용되곤 하지.

이런 경우, 반드시 소문자로 시작하고 단어가 구분되는 부분 즉, 단어와 단어 사이만 대문자로 할 것.

예를 들어서, 손가락처럼 같은 이름이 이어지는 경우는 thumbBase처럼 두 개 이상의 단어를 합쳐서 쓰는 경우도 있다.

머리는 head, 허벅지는 thigh라고 하는 경우다.

제일 앞쪽의 부위를 표현하는 이름은 손목이므로 hand

머리: head
위팔: uparm
아래팔: lowarm
빗장뼈: clavicle
기타 등등…

O tumbBase
X ThumbBase

(마야) 보스, 아까 그 조인트의 방향 말인데요.
(보스) 응? 뭔가 질문이라도 있나?
(마야) 집에서 조인트를 움직여봤는데 회사에서 한 것처럼 부모의 축이 어긋나거나 하지
않았어요. 왜 그런 건가요?
(보스) 아 그거? 그러고 보니 move툴의 옵션에 대해 얘기한다는 걸 잊고 있었다.
(마야) 좀~ 부탁합니다?
(보스) 아… 미안미안

# 공포의 Automatically orient Joints

(보스) 이것이 모든 악의 근원. Automatically orient Joints 이다.
(마야) 모든… 악의… 근원.
엄청 나쁜 거네요 (식은땀)
(보스) 이 기능 때문에 애니메이션을 붙일 때 생각지도 못한 트러블이 생겨서
큰일이었으니 이렇게 말해도 어쩔 수 없지.
(마야) 어떤 트러블이 있었나요?
(보스) 애초에 이 기능은 아까 알려준 Orient Joint를 Move 툴이 내포한 것이다.
그러니까 이건 어떤 상태에서 Move 툴로 조인트를 움직이면, 그 부모조인트가
오리엔트 조인트를 실행하는 것처럼 되어 버린다.
(마야) 아… 그러니까 조인트를 움직여도 축이 어긋나지 않는 거군요. 그러면 그렇게
인상 쓰지 않아도 되잖아요.
(보스) 뭐 기능적으로는 일만 보 양보해서 좋다고 해 주지. 그렇지만 최대의 문제는 이런
말도 안 되는 기능이 기본적으로 On으로 되어 있었다는 거다.
(마야) 에? 그렇게 말도 안 되는 기능인가요?
(보스) 백문이 불여일견. 이걸 보면 왜 이 기능이 위험한지 잘 알 수 있다. 방법은
간단하다. 이런 느낌으로 먼저 조인트 체인을 만들고, 모든 조인트를 선택해서
Setkey (단축키는 S)

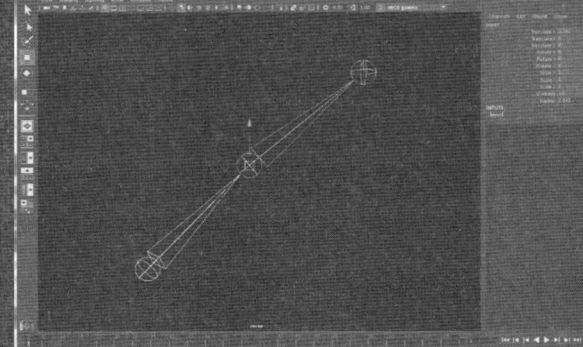

(마야) 지금까지는 별일 없는데요.

(보스)  다음으로 적당한 프레임으로 이동시켜라. 그리고 Automatically orient Joints가 On인 상태에서 가운데의 조인트를 이동시키고 단축키 S 키를 눌러라. 그다음으로 가장자리의 조인트를 회전시키고 단축키 S키를 누른다.

(마야)  ? (특히 이상한 데가 없는데…)
(보스)  마지막으로 처음의 프레임으로 돌아가면…

## 이후, 충격적인 결말이!!

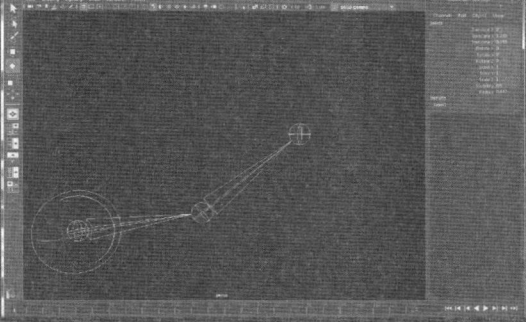

### 이제 아시겠습니까

처음 프레임의 상태가 변해버렸습니다.
(마야)  에에에엑, 이러면 안 되죠!!!
(보스)  그렇지? 이건 무브툴로 조인트를 이동시켰을 때 Automat~ 이하 생략에 의해서 부모 조인트의 JointOrient 애트리뷰트가 변경됐기 때문에 일어난 비극이다.
이 기능은 마야 2012와 2013에서는 표준으로 ON이었기 때문에 '이걸 눈치채지 못하고 이동시키면 애니메이션이 변해 있었다!!' 라는 비극이 당시의 현장을 습격했었다.
(마야)  역시… 이건 만악의 근원 취급받아도 어쩔 수 없네요…
(보스)  덧붙여서 2014 이후는 표준으로 OFF로 되어 있기 때문에 괜찮지만, 2012나 2013의 설정을 이어서 쓰고 있는 사람은 ON인 채로 되어있을 가능성이 있으니 주의가 필요하다.
(마야)  그렇구나… 집에 있는 마야는 2013부터 설정을 이어받았기 때문에 그렇게 되어 있었구나… 집에 돌아가면 OFF로 해야지~

Part 5

# 바인드(Bind)를 위한 준비

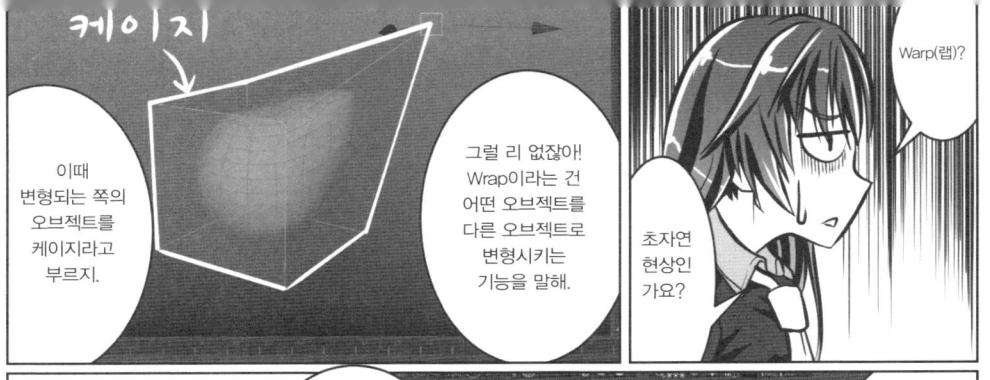
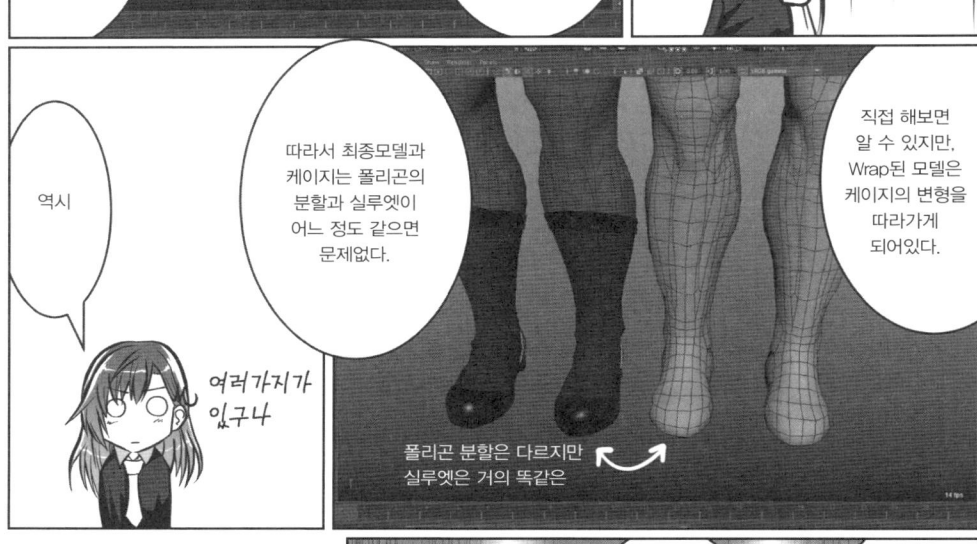

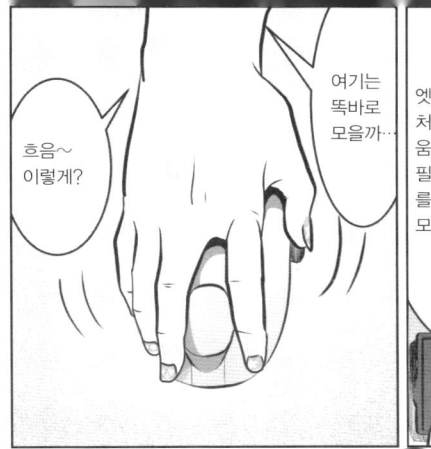

아! 상관없어.
케이지는 리그에서만 쓰니까 문제없으면 자유롭게 해도 돼.

아…보스~
분할을 고칠 때 원래의 형상을 깔끔하게 삭제하고 Modeling Toolkit에 있는 기능으로 다시 만들어도 괜찮지 않을까요?

원래의 최종 지오메트리를 선택해서 Make Live 하면…

역시!
그럼 바로 방금 만든 케이지의 발목 부분을 깔끔하게 잘라서

컷트!

그리고 Modeling toolkit을 써서~

그렇지만 모델링 때와는 다르게 웨이트 붙이는 걸 생각하면 분할을 막 할 수는 없겠네…

그다음은 모델링 때처럼 Quad Draw 같은 기능으로 면을 재구성해가면 되는 거군요.

Part 6

# 바인드(Bind)

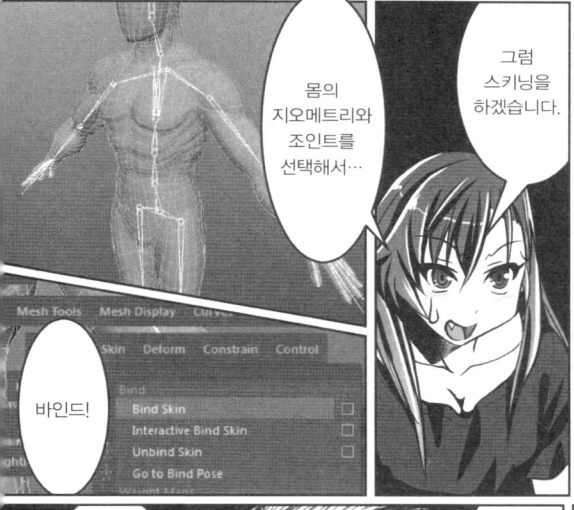

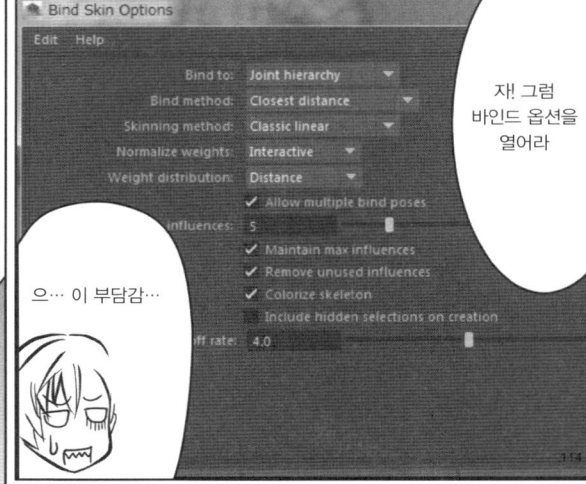

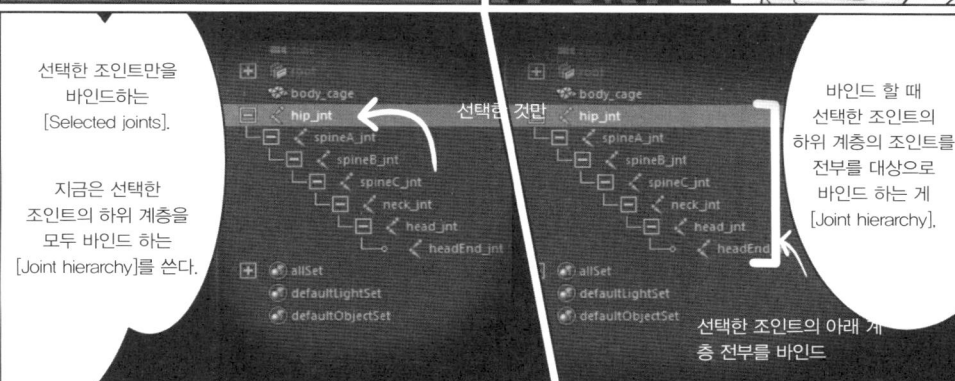

자세한 이야기는 나중에 하고,
먼저 세 개의 기능으로 각각 바인드해서 결과를 보자. 여기선 결과를 알기 쉽게 팔꿈치를 구부렸어.
Heat map은 MAYA 2013부터, Geodesic Voxel은 MAYA 2015부터 등장한 바인드 방법이다.
Closest in hierarchy는 예전부터 있던 방법이라 결과는 별로야.
Closest in hierarchy는 튜브가 찌그러진 것 같네요. 왠지 가장 불쌍한 느낌…
Heat map은 구부러지는 방식이 가장 딱딱해 보이네요.
Heat map과 Geodesic Voxel에서는 결과가 다르게 보이는데, 이 차이는 falloff 값의 차이에 의한 부분이 가장 크다.
실제 두 개의 falloff 값을 같게 해서 바인드 하면…
Heatmap falloff: 0.68
Falloff: 0.68
정말이다! 완전히 똑같은 결과가 됐네요?
Heat map
Geodesic Voxel

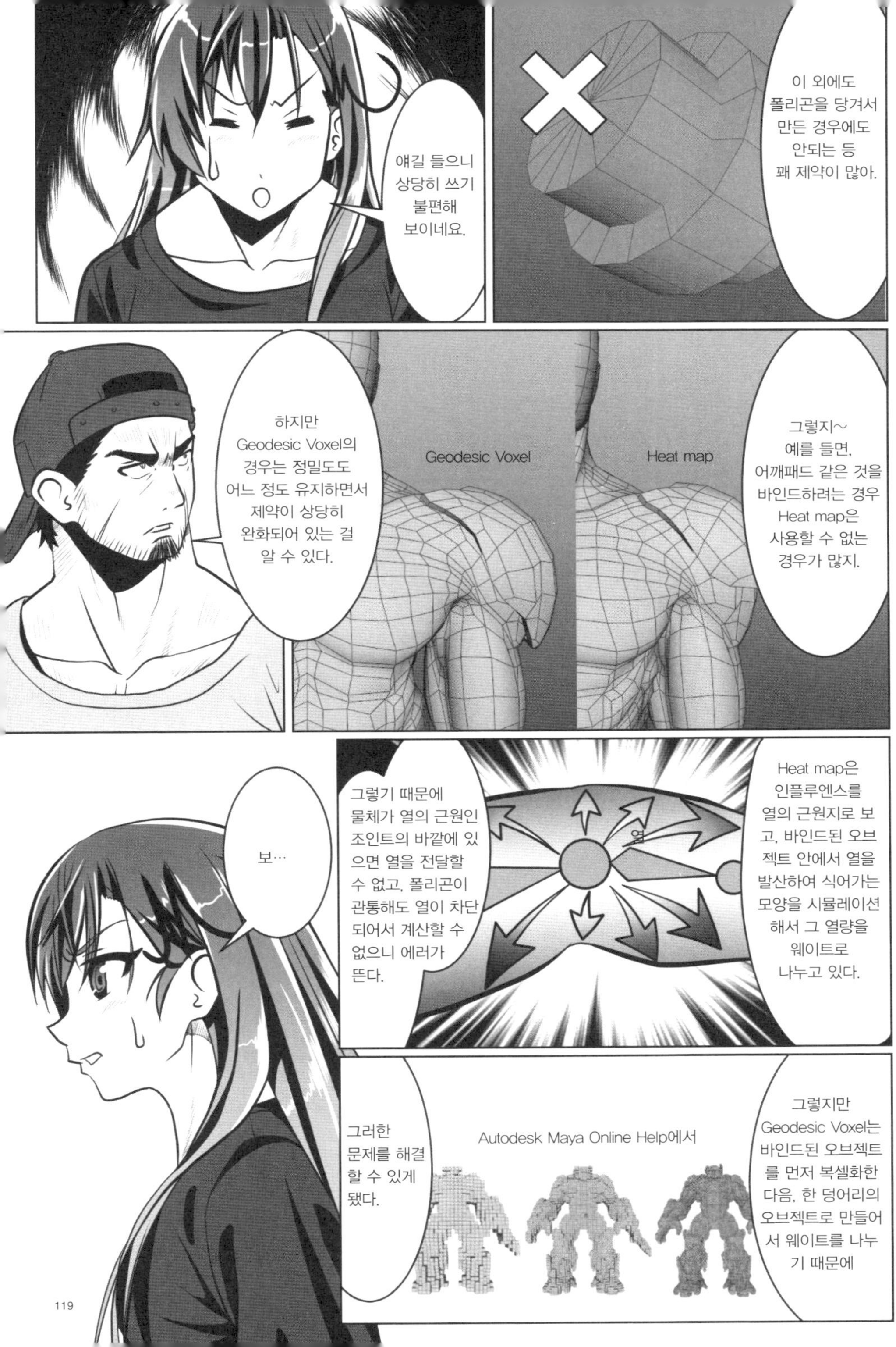

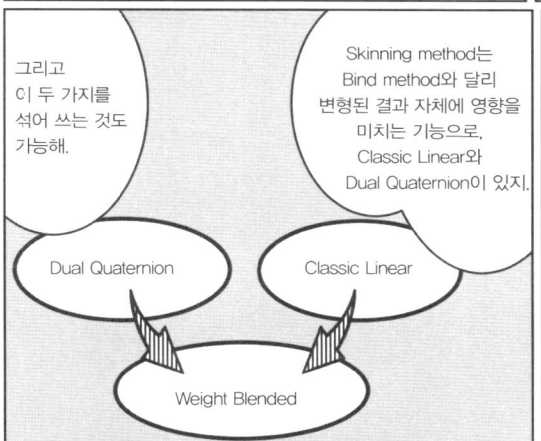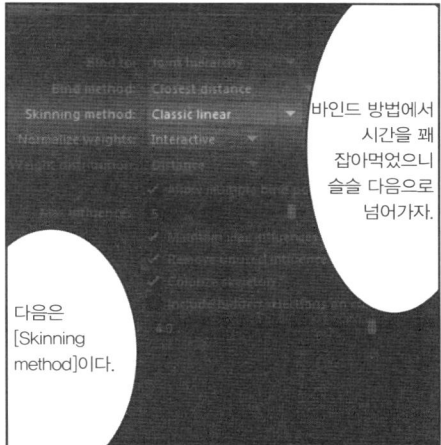

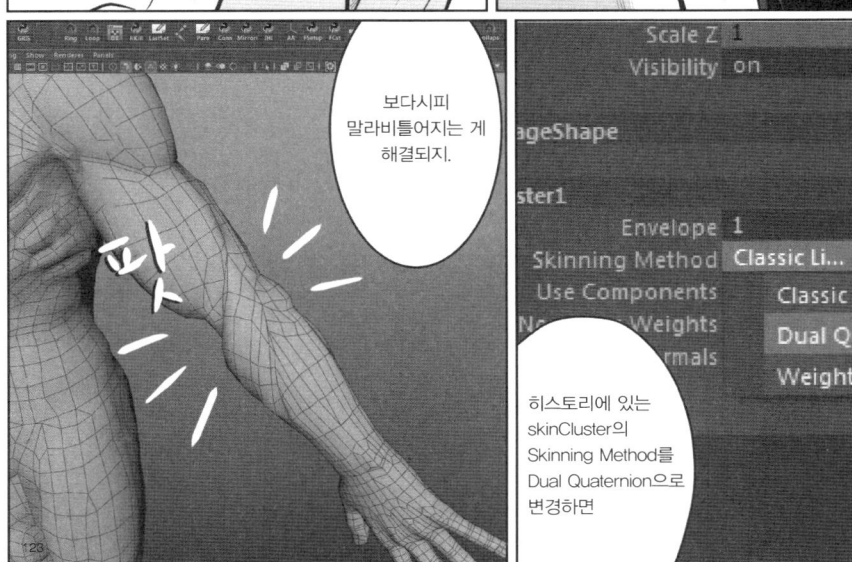

그런데 이봐…
으으… 조금도 안 움직여
어이~ 결과는 잘 보고 있는 건가~?
네…? 아… 넷!!
오… 우오~!
가늘어진 부분이 제대로 해결됐어~!!
그렇다면 Dual Quaternion만 쓰면 되지 않나요!
…라고는 안 되겠죠? 절대로
흥
오… 이제 슬슬 감을 잡기 시작했네. 마야군. 안타깝게도 Dual Quaternion은 한 개의 축을 향한 스케일에서는 쓸 수 없다.

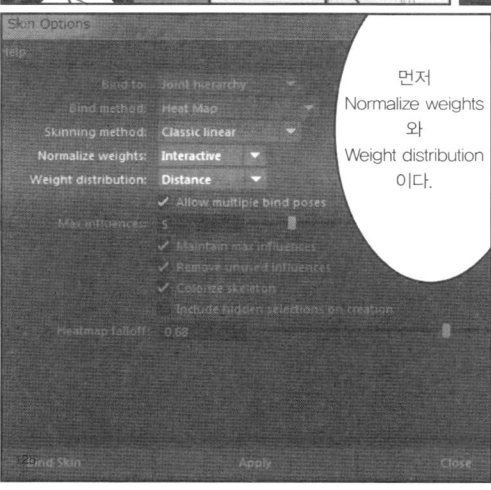

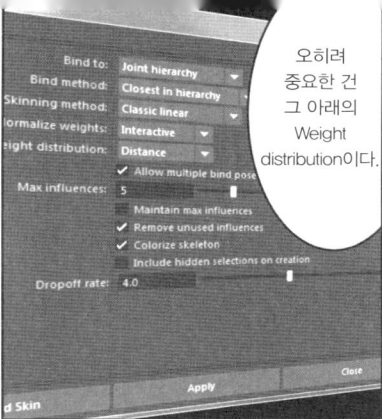

여기에 플레인과 세 개의 조인트를 사용해서 바인드한 샘플을 준비했다.

오히려 중요한 건 그 아래의 Weight distribution이다.

이 때 정점A의 웨이트가 어떻게 되는지는 Weight distribution의 설정을 따른다.

정점 A — jointA : 1.0
합계 : 1.0

정점 A — jointA : 0.5
? : ?

정점A의 웨이트를 0.5로 하면 노멀라이즈에 의해 정점A의 웨이트는 합계가 1이 된다.

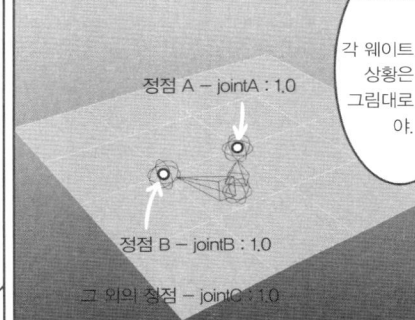

각 웨이트 상황은 그림대로야.

정점 A — jointA : 1.0
정점 B — jointB : 1.0
그 외의 정점 — jointC : 1.0

**Distance**

| | jointA | jointC | Total |
|---|---|---|---|
| Hold | off | off | |
| pPlaneShape1 | | | |
| vtx[12] | 0.500 | 0.500 | 1.000 |

**Neighbors**

| | jointA | jointB | jointC | Total |
|---|---|---|---|---|
| Hold | off | off | off | |
| pPlaneShape1 | | | | |
| vtx[12] | 0.500 | 0.125 | 0.375 | 1.000 |

그리고 이게 그 결과다.

Distance는 가까운 조인트를 선택해서 거기에 웨이트를 분배할 뿐이다.

따라서 생각한 적도 없는 웨이트가 들어간 경우도 있지.

Distance 쪽은… 흐음~ 생각했던 것과 다른 듯한

아래의 Neighbors 쪽이 자연스럽게 값이 분배된 것 같은데요.

# Part 7

# 스키닝과 웨이트
# (Skinning과 Weight)

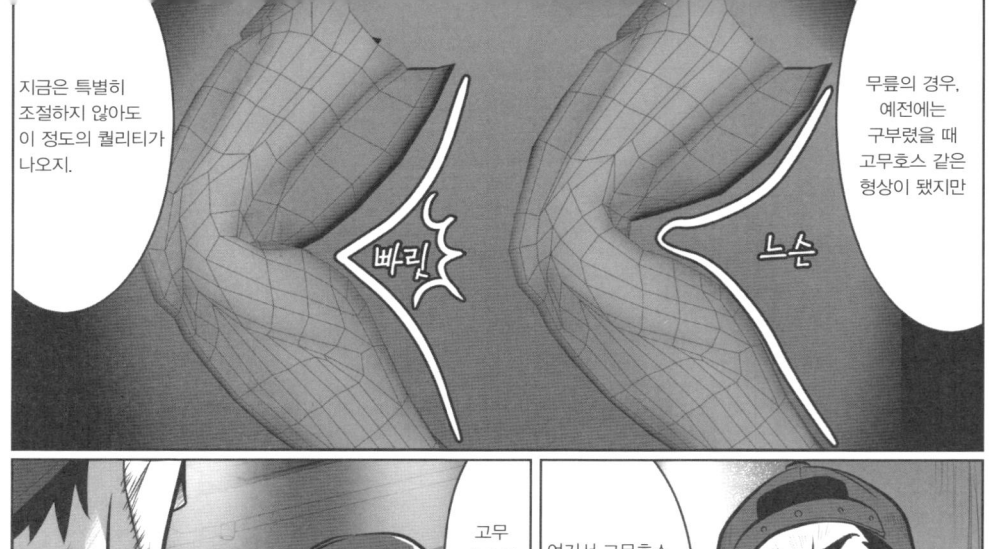

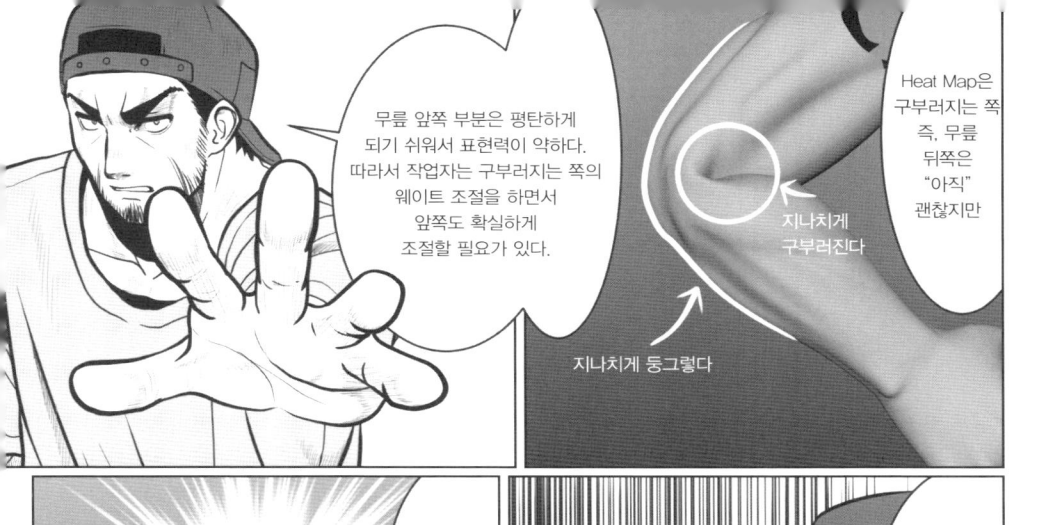

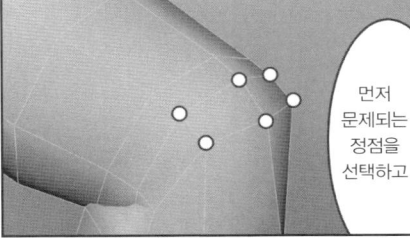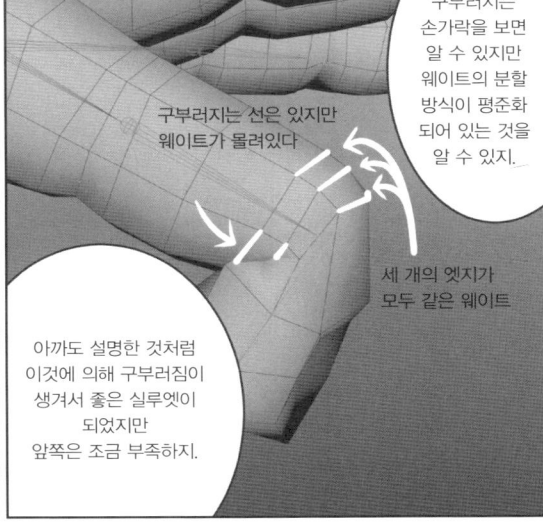

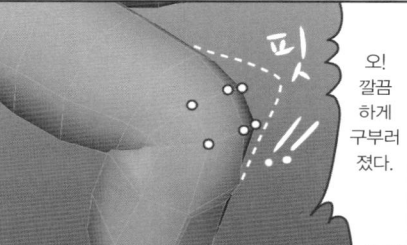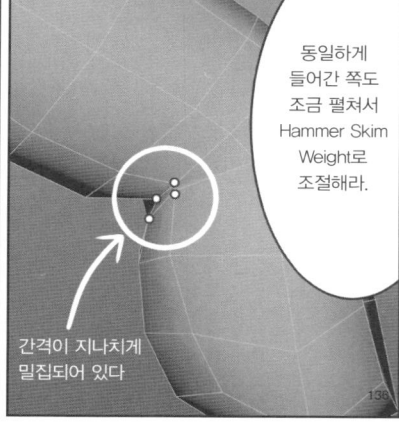

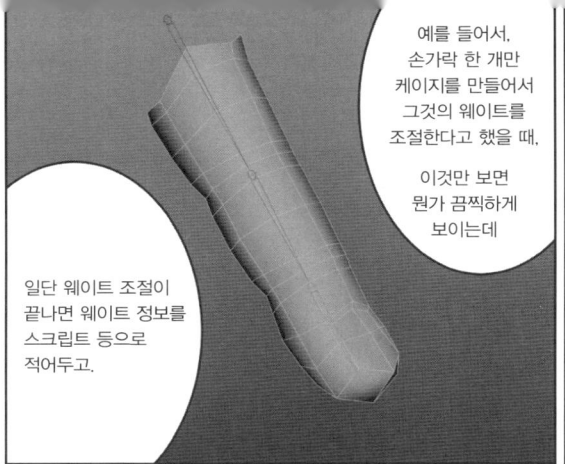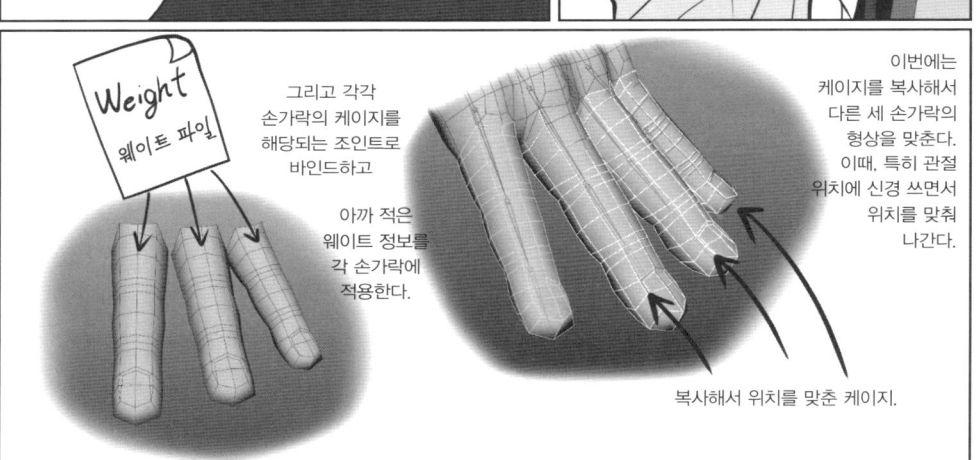

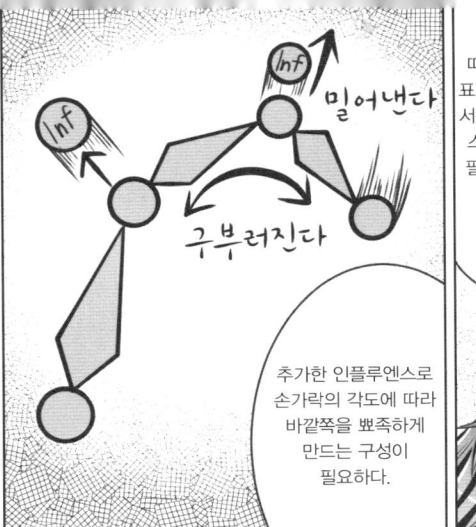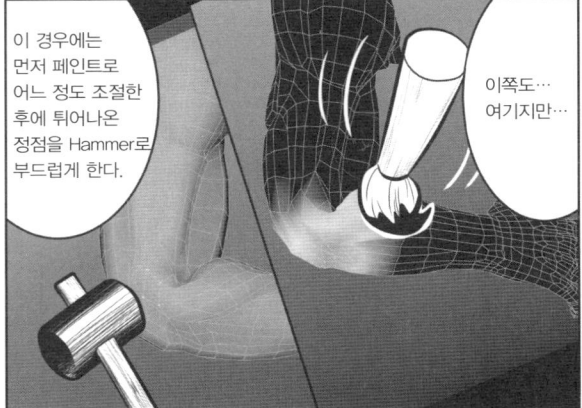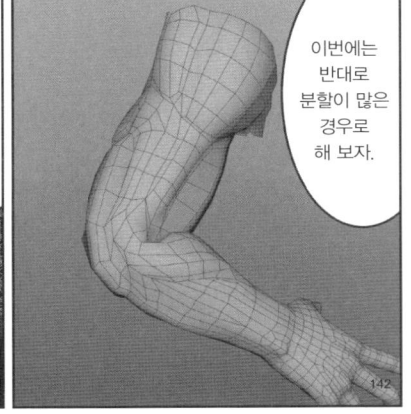

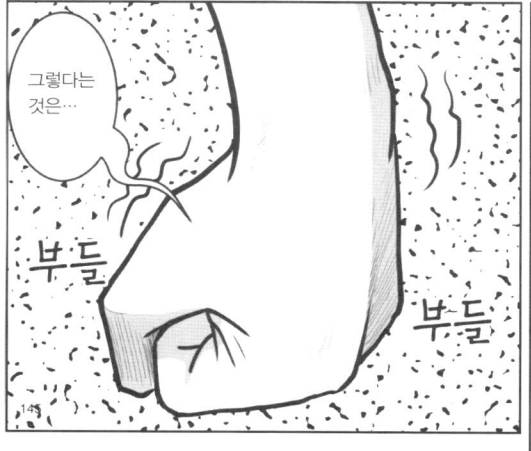

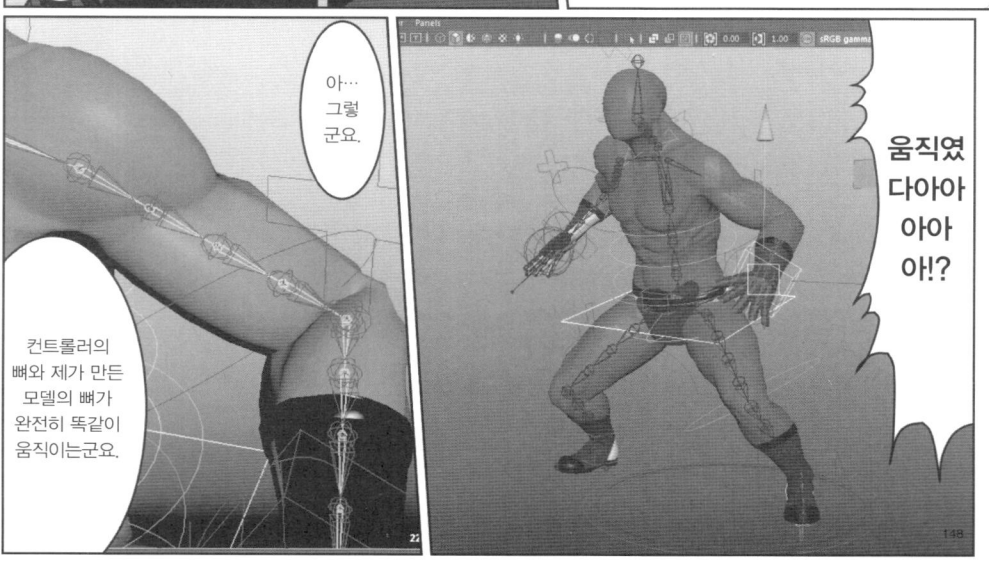

# 극악의 정점 선택

(마야)   끙끙

(보스)   항상 뭔가 끙끙대고 있군.

(마야)   고민이 많은 나이라고요.

(보스)   …뭐, 좋아. 그래서 이번엔 무슨 고민이지?

(마야)   아까 손가락의 웨이트 이야기에서 보스가 손가락 한 개를 케이지를 만들어서 그것을 웨이트 조절해서 스크립트에 적는다…라고 말씀하셨잖아요.

(보스)   오, 그랬었지. 그 케이지를 다른 손가락 모양에 맞춰서 웨이트 파일을 적용해서 마지막에 웨이트를 카피하면 나름대로 간단하게 이식이 가능하다…는 거였지?

(마야)   네, 그거요! 그래서 웨이트를 적어서 케이지의 바뀐 모양에 맞춰서 웨이트 파일도 일부분 바꿔 적어서 그것을 적용시키는 것까지는 됐는데요.

웨이트 파일을 바꿔 적는 것은 힘들었지만..

(보스)   엥!? 웨이트를 적는 스크립트를 만들었나?

(마야)   네!? 그냥 웨이트 적어내는 기능을 썼는데요…?

(보스)   엥!? 그런 게 있었던가?

(마야)   에!? …모르셨나요?

(보스)   엥!?

(마야)   에?

Deform > Export Weights Maps…
Deform > Import Weights Maps…

(보스)   이런 게 있었군…

(마야)   에에~ 보스 몰랐었나요? 씨익…

(보스)   크흑! 어… 언제나 내 스크립트를 사용하고 있었기 때문에 필요 없었던 거다!

(마야)   리깅의 신기능이 늘어났을 때도 제대로 체크해두는 것이 중요하다.

(보스)   … 오! 적어낸 파일은 XML형식으로 되어있나!?

이거면 나중에 편집도 간단하고 좋잖아!!!

이야, 기본적으로 이런 기능이 있다니 좋은 시대가 됐군!!!

와하하하하하하…

(마야)   오호호호호호호

(보스)   …그런데, 뭘 고민하고 있었던 거냐?

(마야)   아. 맞다맞다.

웨이트 파일을 바꿔 적어서, 다른 손가락의 형태에 맞춘 케이지에 웨이트를 적용한 것까지는 괜찮았는데요. 이 웨이트를 움직이려는 손가락에 어떻게 적용되는지 아직도 잘 모르겠어요~

## Skin > Copy Skin Weights

(보스) 그걸로 해결된 것 아닌가?

(마야) 이거, 제대로 해 봤어요. 손가락 부분만 웨이트를 복사하고 싶어서 정점을 선택하려고 했어요. MAYA 헬프를 보면 [소스가 되는 정점을 선택하고 그다음에 타켓으로 하는 정점을 선택합니다.]라고 적혀 있어서 시도해 봤는데요…

이렇게 많은 정점 중에서 먼저 소스의 정점을 선택하고 그 후에 타켓의 정점을 선택한다는 건 무리잖아요!! …라는 걸로 지금 끙끙대고 있어요.

(보스) 아아~ 확실히 이걸 그냥 보통의 선택툴로 하려고 하면 무리지.

(마야) 그렇더라고요… Isolate Select로는 무리였고…

(보스) 그렇지. 그럴 때는 Set를 사용하면 좋다.

(마야) Set?

(보스) Set는 임의의 오브젝트를 한데 묶어서 넣을 수 있는 상자 같은 거야.

(마야) group과는 다른 건가요?

(보스) group은 계층구조를 가지는 DAG에서만 사용하지만, Set는 쉐이더나 텍스처 뿐만 아니라, 정점 등을 뭐든지 한데 모을 수 있지.

(마야) 오오~

(보스) 시험 삼아 폴리곤 큐브 2개를 사용해 볼까.

pCube1과 pCube2를 준비해서 1의 정점을 적당히 선택한 후에

Create > Sets > Set

(보스) 그다음에 pCube2의 정점을 적당히 선택해서 같은 작업을 반복. 그리고 Outliner를 보면…

(마야) [set1]과 [set2]가 생겼네요.

(보스) set1에는 pCube1의 정점이, set2에는 pCube2의 정점이 들어가 있다. 그리고 Outliner에서 set1, set2 순서로 선택하고 키보드의 아래 화살표 버튼을 누르면…

(마야) 아!! 큐브의 정점이 선택됐다!!

(보스) 이런 식으로 Set는 임의의 요소를 따로 모아서 임의의 순간에 선택할 수 있어.

그리고, Set를 선택한 순서대로 정점도 선택되기 때문에 이걸로 웨이트의 복사도 제대로 할 수 있다.

(마야) 오오오오오옷!. 이거 대단하군요! 감사합니다!!

(보스) …뭐지?

(마야) 아니, 뭔가 오늘은 깔끔하게 끝나서 느낌이 이상하달까요…

(보스) 바보야. 내 이야기는 언제나 엘레강스하게 끝난다고!

(마야) (^_^;)

# Part 8

# Dependency Graph

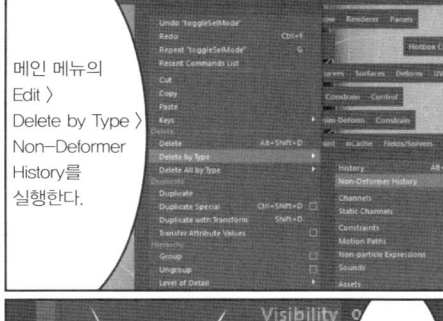

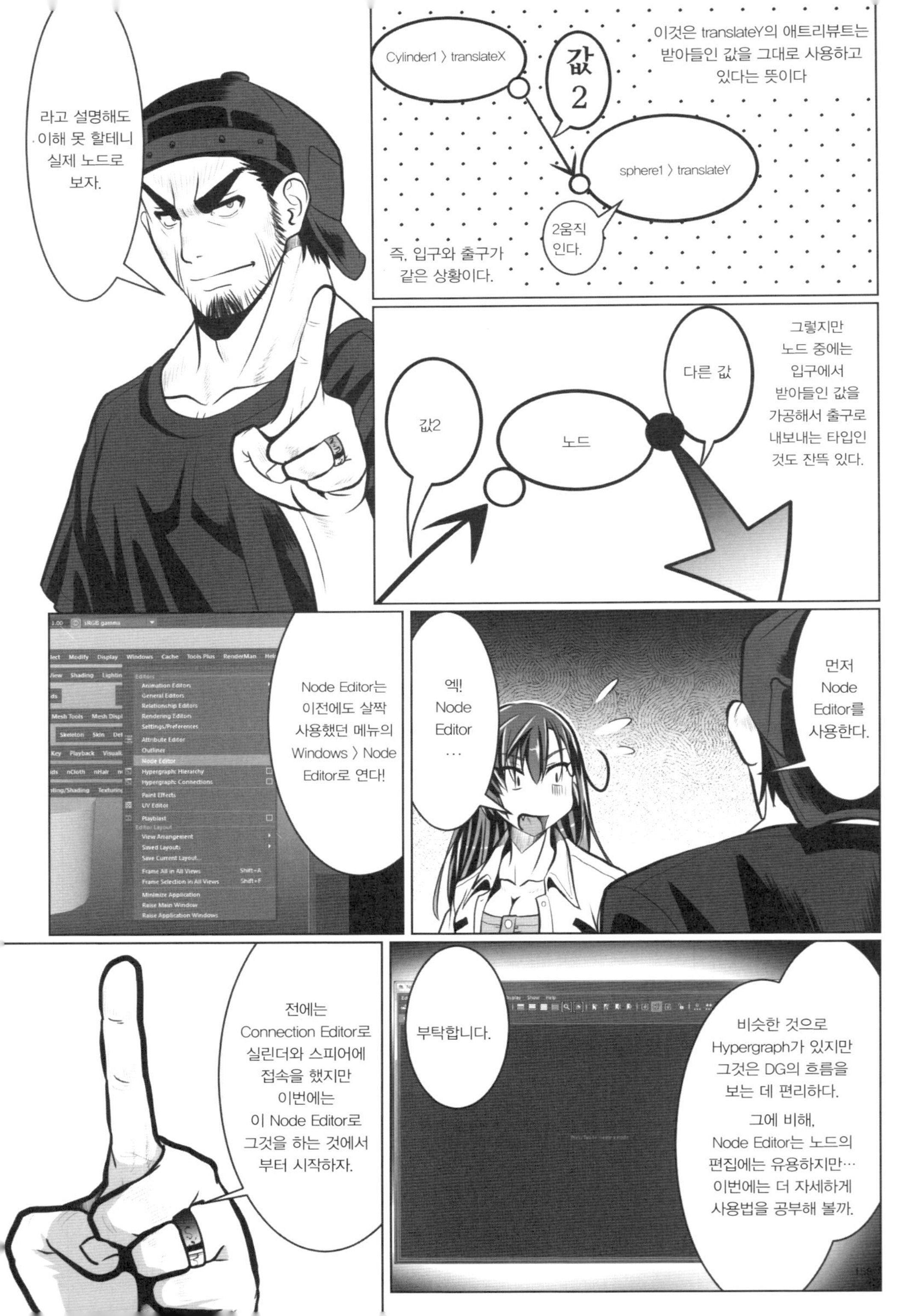

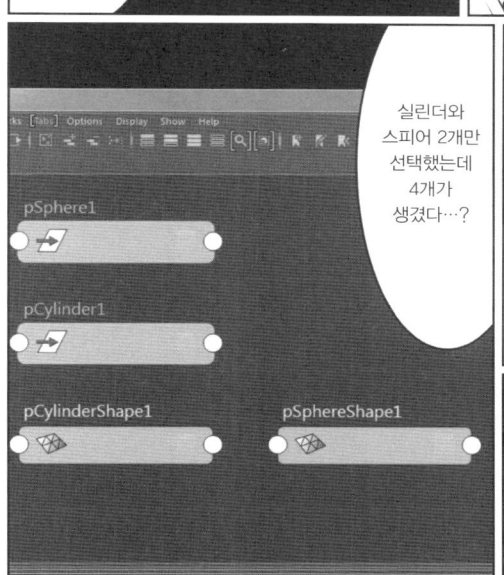

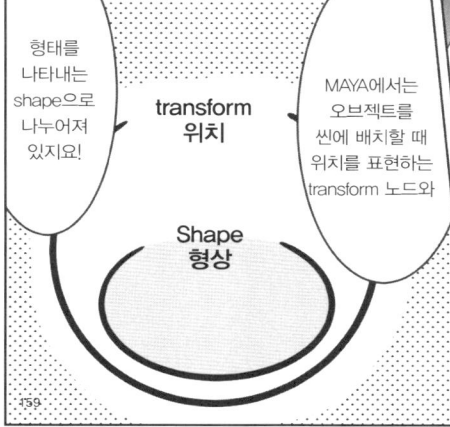

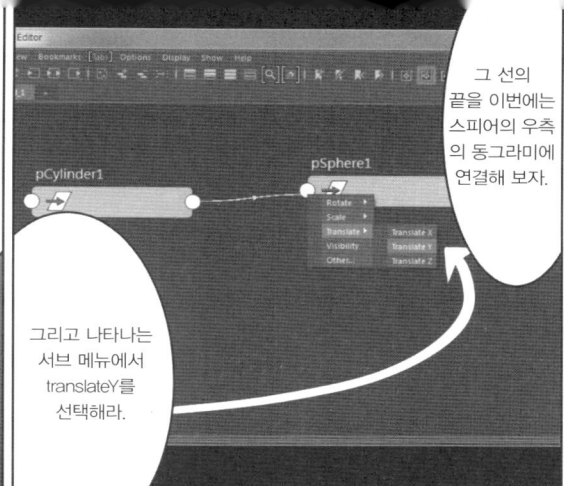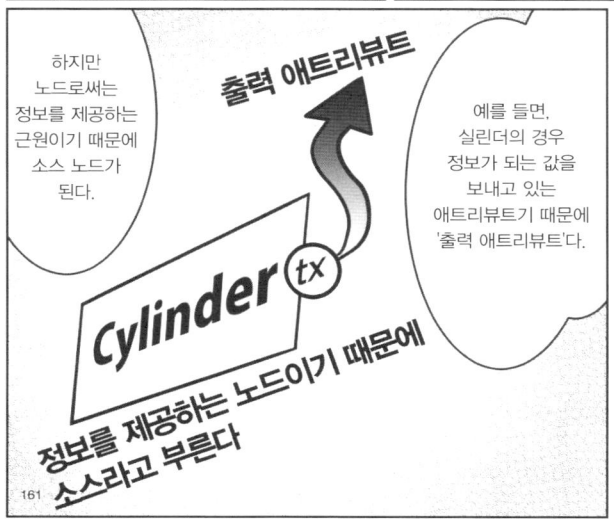

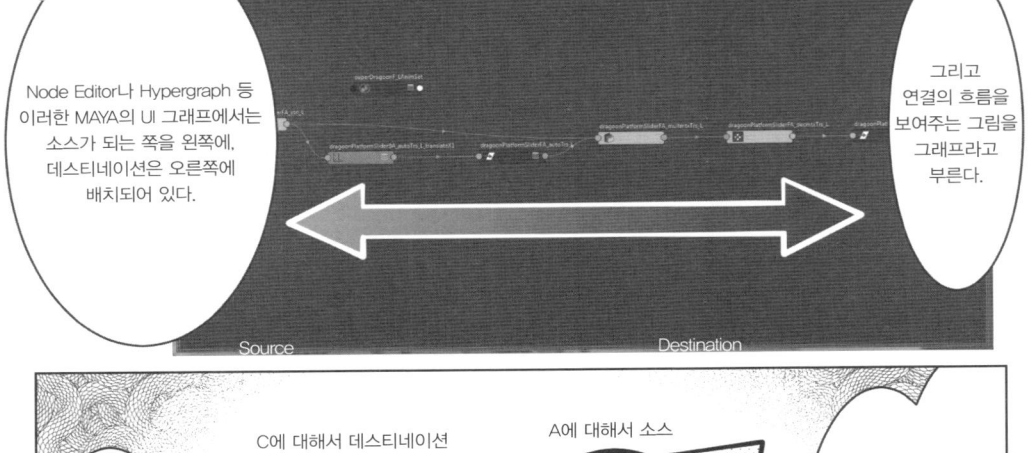

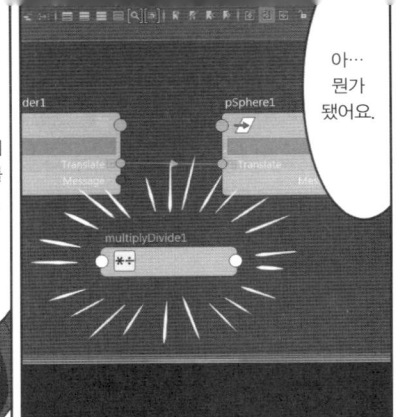
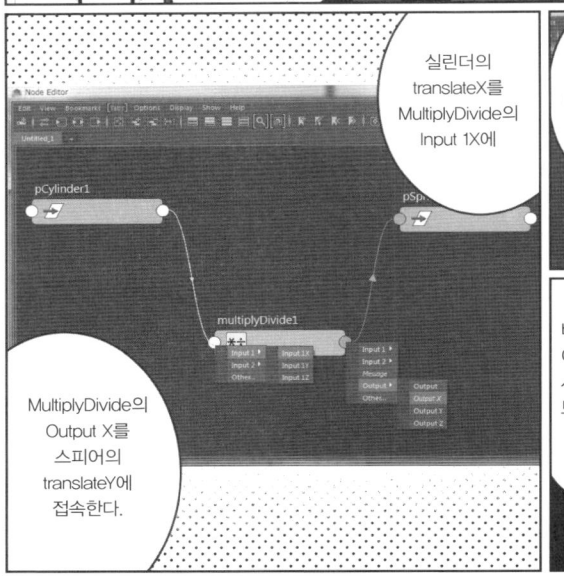
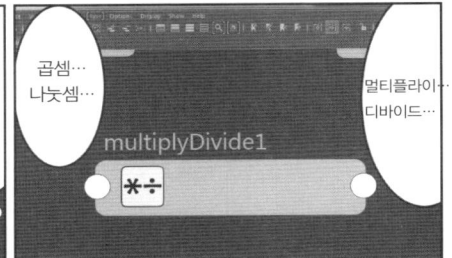

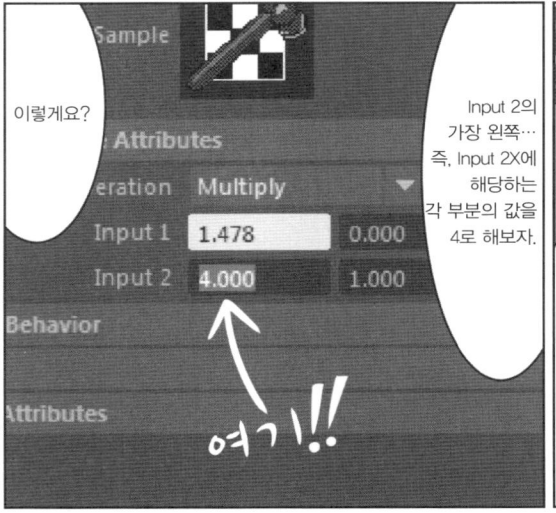

pCylinderShape1
Object Color RGB
Out Mesh
Parent Inverse Matrix
폴리곤의 기능을 지시하는 Shape을 'mesh' 노드라고 부르는데
mesh 노드에는 자신의 메시 정보를 가지는 outMesh라는 출력 애트리뷰트가 있어.
Uv Set
In Mesh
반대로 inMesh라는 입력 애트리뷰트도 있어서 이곳에서는 메시 정보를 받을 수 있도록 되어 있지.
그러면 실린더의 outMesh를 스피어의 inMesh에 연결하면 어떻게 될까~요!?
Out Mesh
In Mesh
?
에… 메시의 정보를 가진 애트리뷰트를 상대방에게 건네는 거니까…
그런데 애초에 메시 정보가 뭐지…?
브… 블랜드 쉐입처럼… 된다거나?
히죽 히죽
우우

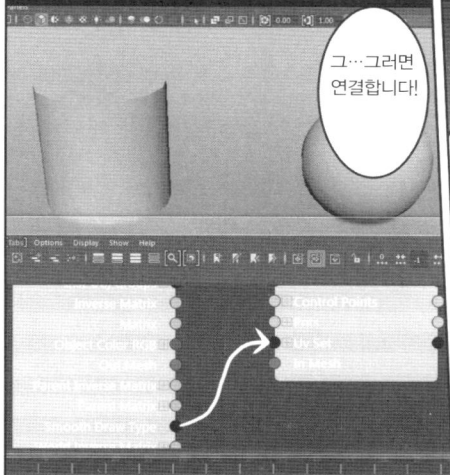

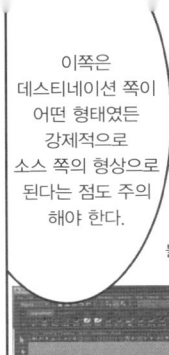

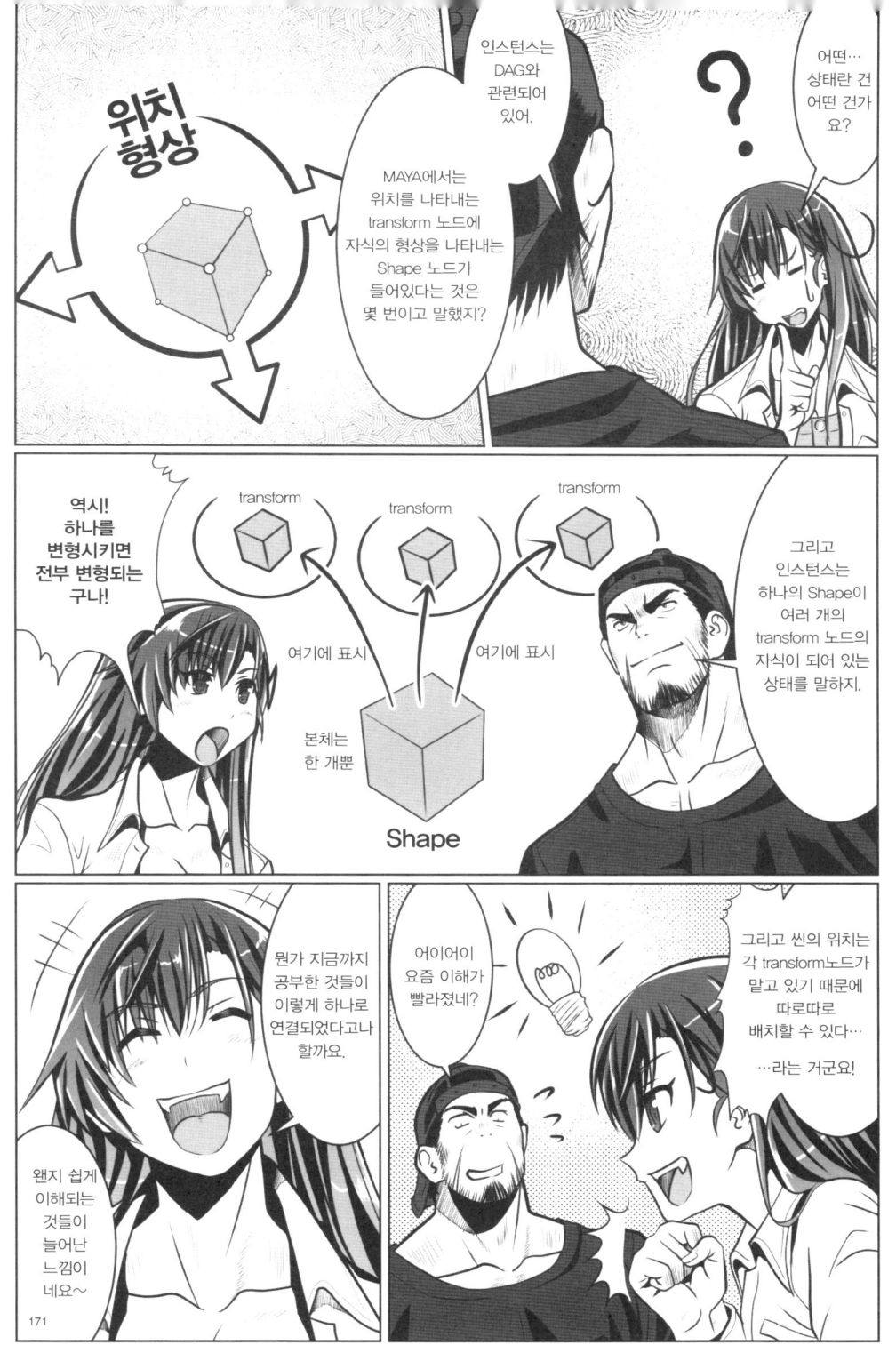

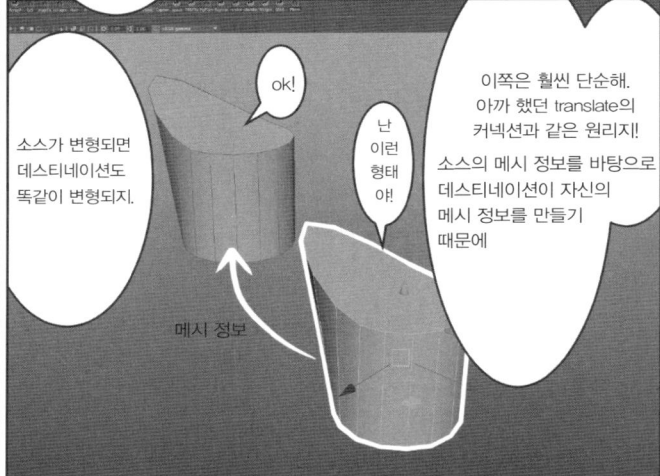

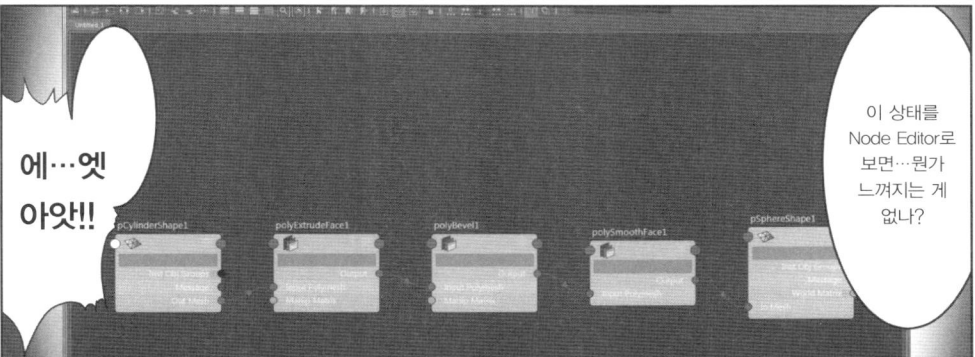

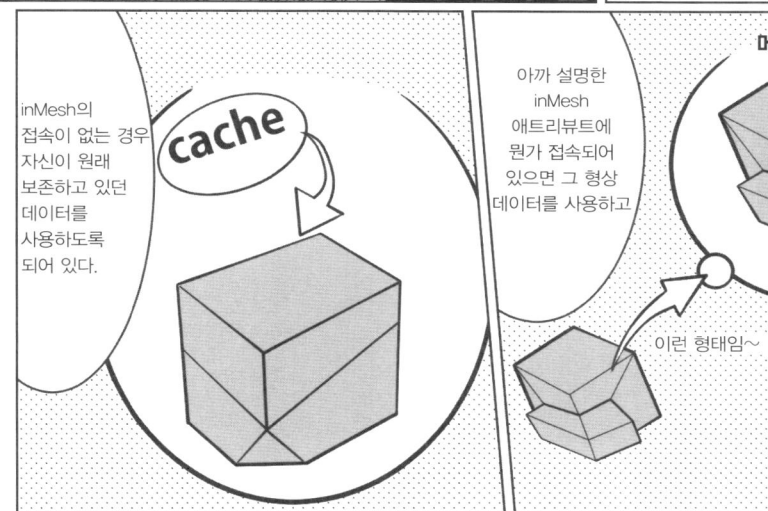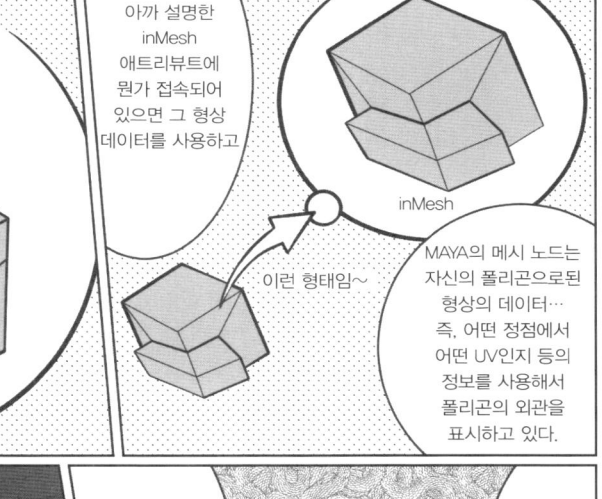

## 영어판 MAYA와 일본어판 MAYA

(마야) 보스. 저희가 쓰는 MAYA는 왜 영어판인가요?

(보스) 영어판? 이것 말고 다른 판도 있나?

(마야) 평범하게 일본어판 MAYA를 쓰는 게 정상 아닌가요?

(보스) 어? 모르겠는데…

(마야) 뭐, 고지식한 아저씨니까.

(보스) 음… 아저씨가 아니야!

(마야) 그렇게 새로운 것을 받아들이지 않는다는 게 고지식한 아저씨라는 증거예요.

(보스) 바보같이! 일본어판을 안 쓰는 이유가 있긴 해.

(마야) 그럼, 처음부터 그렇게 말했으면 좋잖아요.

(보스) 애초에 CG 소프트웨어를 일본어로 해도 결국 의미를 알 수 없잖아. 바인드… 다면체 복셀.. 같은 것을 이해할 수 있겠어?

(마야) 그렇게 말하면 모르는 게 있지만… 일단 안심이 되잖아요. 영어는 시작하기 힘들어요….

(보스) 결국은 안심'감'. 그 정도야 취미로 한다면 상관 없지만 프로덕션 입장에서는 그런 이유 없는 안심감을 위해서 어마어마한 위험을 부담하는 건 넌센스잖아.

(마야) 반대로 어떤 위험감이 있나요? 읽기 쉽고 장점밖에 느껴지지 않는데요?

(보스) 뭐니뭐니해도 가장 큰 이유는 개발자가 싫어하는 걸까나. 일본어의 문자코드는 프로그램이나 스크립트에서 사용하면 버그의 원인이 되기 쉽고 일본어형의 처리를 넣지 않으면 안 되는 경우도 있으니까.

(마야) 에잉. 그 정도는 처리해 주세요~

(보스) 바보냐! 그뿐 아니더라도 MAYA를 사용하기 위해서는 여러 장비에서 툴 개발을 하지 않으면 안되는데 그런 안심감을 해서 많은 개발시간을 투자할 리가 있나. 영어지만 편리한 툴이 잔뜩 있는 쪽과 자국어로 되어 있지만 조금밖에 없는 쪽, 어느 쪽이 좋겠냐?

(마야) 그야 편리한 툴이 잔뜩 있는 쪽이 좋지요…

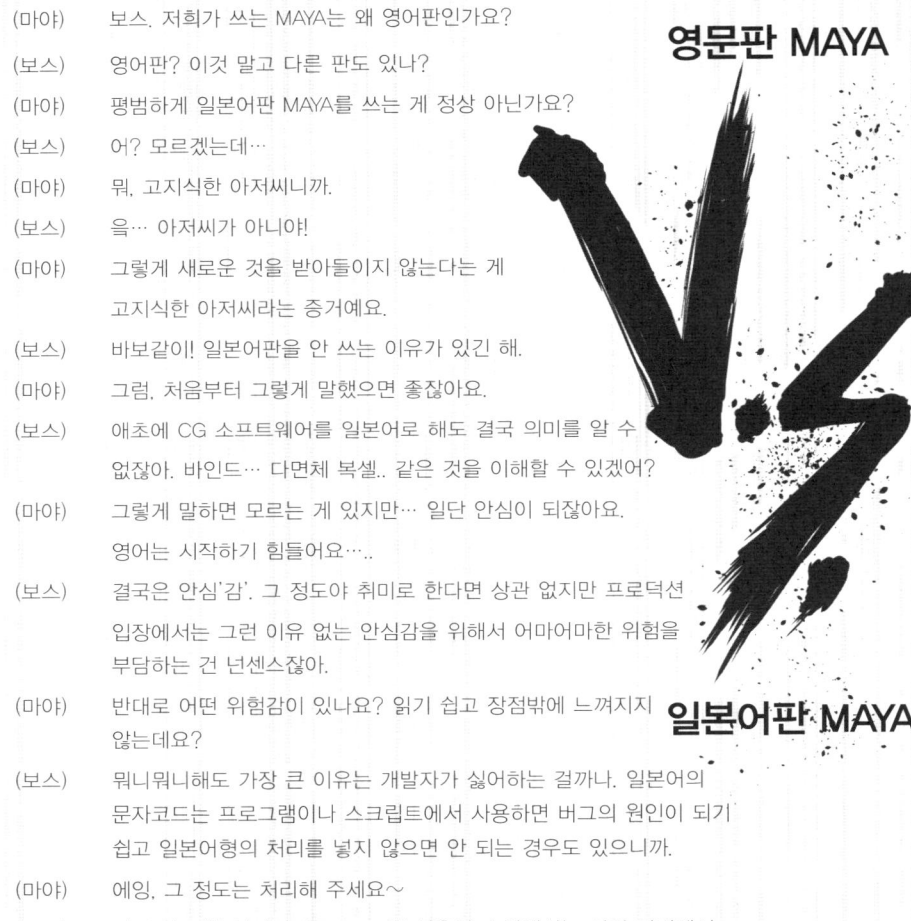

| (보스) | (사실 편리한 툴 정도면 일본어여도 딱히 문제없지만..) 나머지는 디자이너가 스크립트를 배울 때 영어 이름을 따로 기억하지 않으면 안 된다는 점일까나. |
|---|---|
| (마야) | 으윽… 역시 스크립트를 하지 않으면 안 되나요..? |
| (보스) | 뭐 해서 나쁠 건 없으니까. 너도 언젠가는 스크립트를 해라. |
| (마야) | 으에엑~ |
| (보스) | MAYA 스크립트를 하면 자연스럽게 MAYA 내부의 원리를 알게 되고. 그 덕분에 트러블슈팅에 강해지고, 그런 인재가 되면 여기저기서 오라고 하니 일자리 고민을 하지 않게 되는 등. 좋은 점투성이다. |
| (마야) | 뭔~가 좋은 얘기를 하면서 유도하고 있는 것 같은데… |
| (보스) | 덧붙여서, 큐브를 X축으로 5만큼 움직이는 경우, 일본어판 MAYA와 영어판 MAYA에서의 스크립트 에디터는 이렇게 된다. |

| 일본어판 | 영어판 | 스크립트 에디터 |

| (보스) | 이렇게 비교해서 보면 일목요연하지. 영어판은 UI의 내용이 거의 그대로 스크립트가 되어 있지만 일본어판에서는 이동X를 영어로 바꾸지 않으면 안 된다. 그렇게 되면 결국 영어이름도 기억하게 되니 일본어판 같은 건 필요가 없지. |
|---|---|
| (마야) | 뭐… 스크립트를 배운다면… 이겠지만요. |
| (보스) | MAYA는 필요한 툴을 개발해서 운영하는 것을 전제로 한 소프트웨어다. 그 생명선이라고 할 수 있는 툴 개발에 방해가 될 수 있는 일본어 환경을 도입하는 데 대한 장점은 프로덕션에는 없지. |
| (마야) | 흐~음. 알겠지만 납득이 가지 않아… |
| (보스) | 또한 MAYA 뿐 아니라 최신의 정보는 영어권에서 오기 때문에 그런 정보를 재빠르게 소화하는 데에도 일본어판이면 귀찮은 문제가 생길 수 있어. |
| (마야) | 그건 확실히 그렇네요. 하지만 학교 같은 곳은 전부 일본어판인데요? |
| (보스) | 맞아. 학생은 일본어판으로 배워서. 일을 시작하면 영어판을 또 배워야 하니 불쌍하지. 현장에서 쓸 수 없는 환경을 가리키고 있다는 건 학교에서 배우는 것의 의미가 없다고도 볼 수 있지.<br><br>애초에 프로가 되기 위한 인재를 육성하는 것이 전문학교의 존재의의인데 현장이 요구하는 인재와 전혀 다른 인재를 키워봤자 의미 없잖아. 영어로 해서 학생이 거부하면… |
| (마야) | (아… 이건 또 이야기가 끝나지 않을 패턴이네. 언제 끝날지 알 수 없고. 오늘은 늦었으니 돌아가야지~)<br><br>먼저 실례하겠습니다~ ♥ |

# Final Part
# 데이터의 흐름을 보다

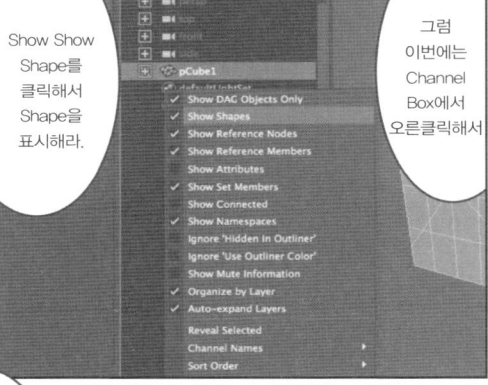

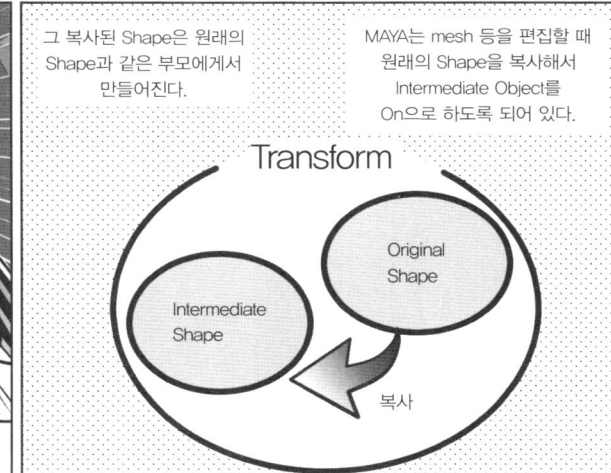

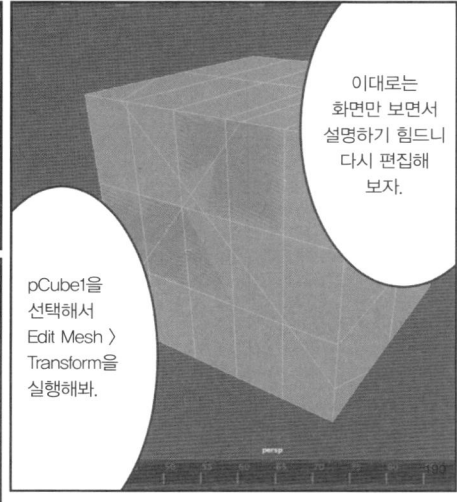

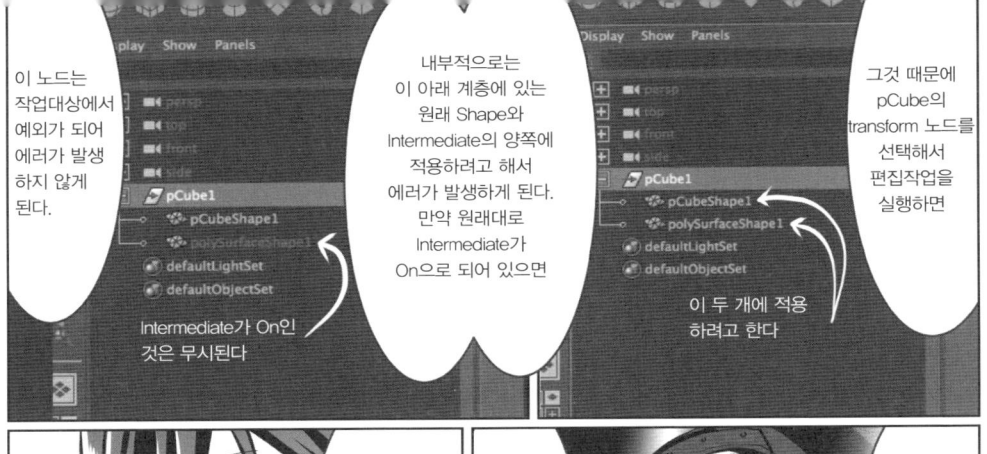

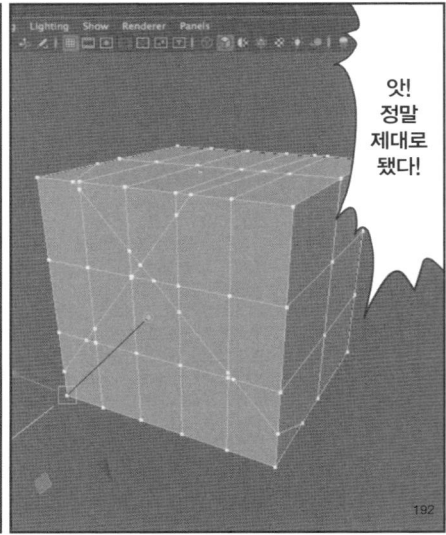

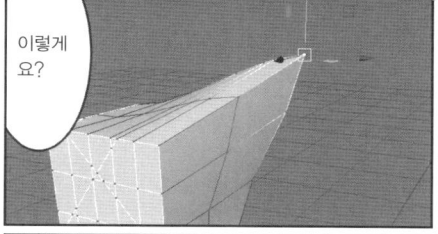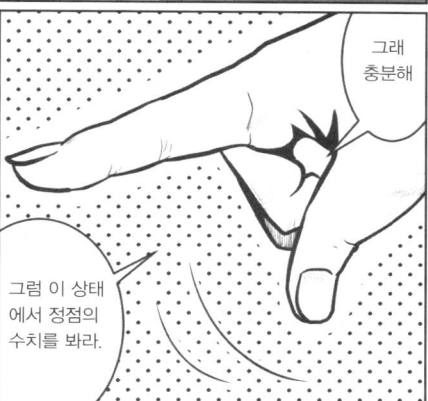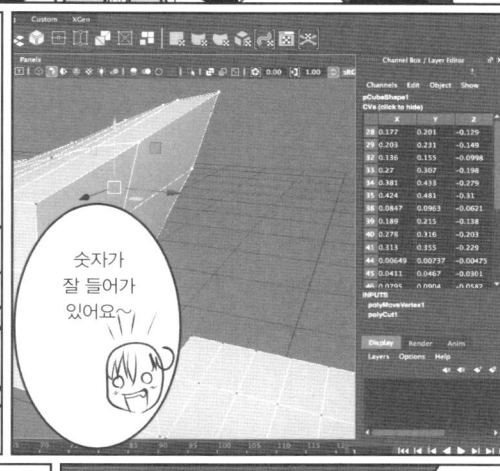

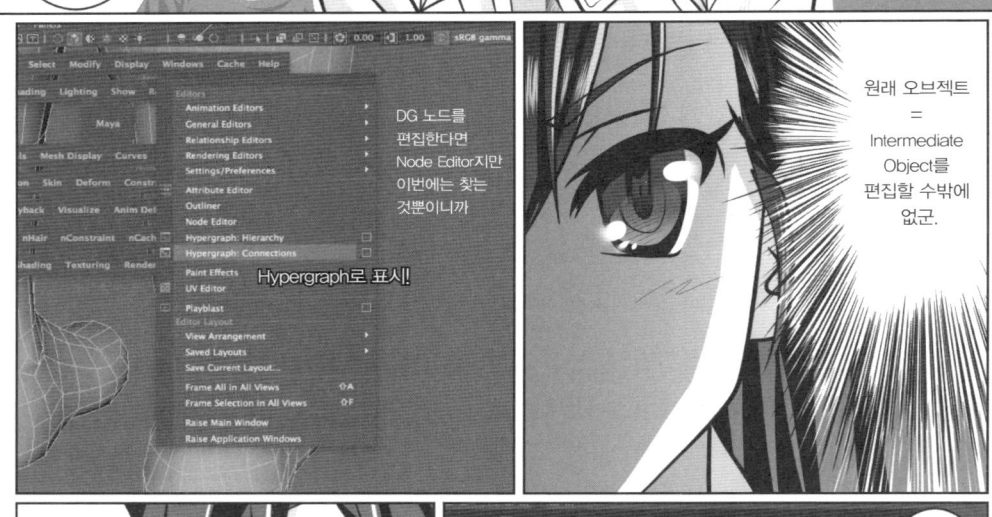

바인드에 사용되는 skinCluster는 디포머(Deformer)… 디포머는 원래 오브젝트에서 토폴로지를 바꾸지 않는다고 했으니까 조인트의 변형을 더한 것을 최종적인 메시의 inMesh에 건네도록 되어 있다.

흠.. 그러면… 케이지를 직접 편집하면 히스토리가 지워지지 않으니 NG지.

그렇다면 바인드의 구성이나 DG를 고려하면…

DG 노드를 편집한다면 Node Editor지만 이번에는 찾는 것뿐이니까

원래 오브젝트 = Intermediate Object를 편집할 수밖에 없군.

그… 그렇지만 Intermediate는 소스니까 화면의 좌측, 왼쪽에 있을 게 분명해.

우와아아… 생각해야 할 게 엄청 많네…

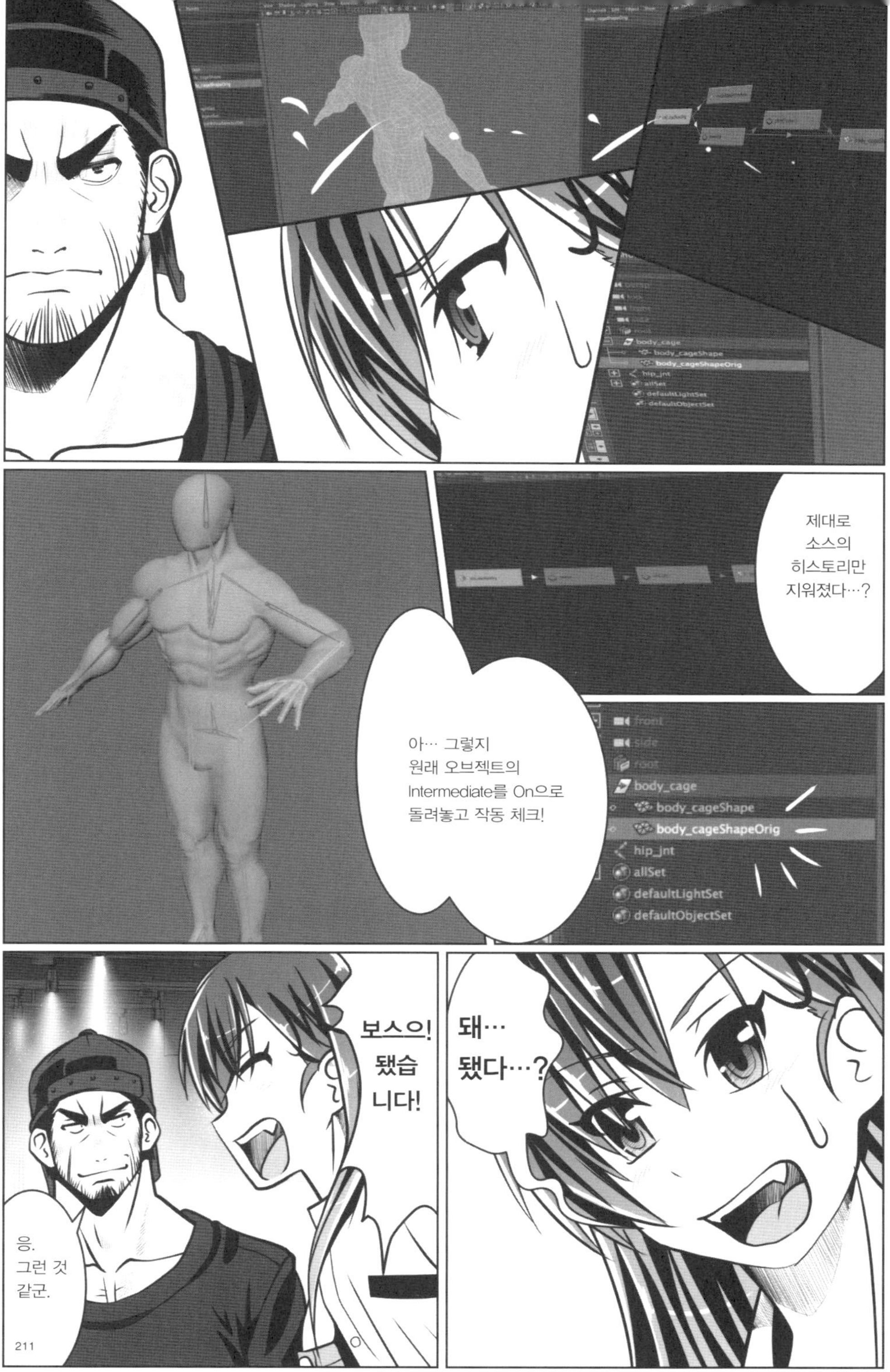

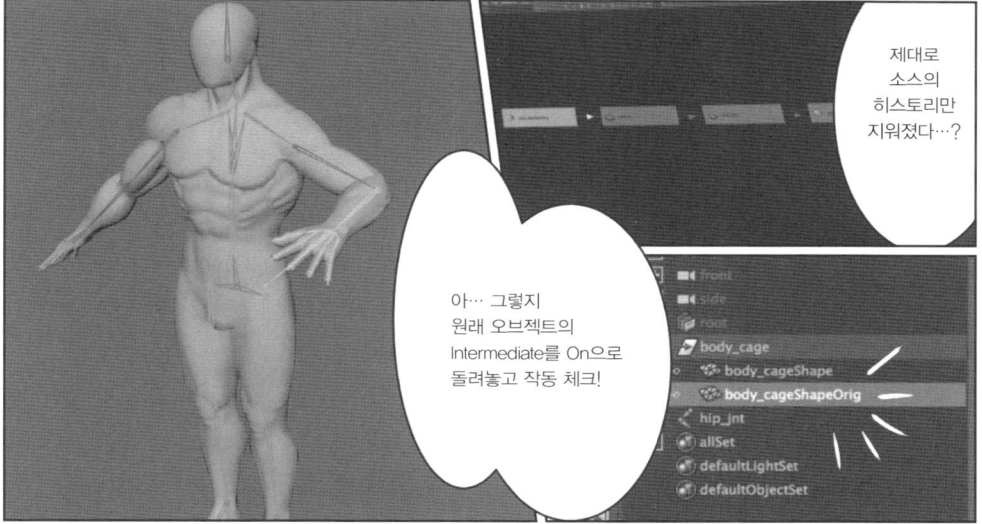

## 저자 후기

[ 마야도 ]를 끝까지 읽어주셔서 감사합니다.
MAYA 의 구성원리 (+ 조금 뼈대라거나 스킨이거나 ) 만화로 설명해봤는데 어떻게 보셨나요 ?

만화 매체의 특성상 그림이 많아서 내용이 가벼워진다면 집필 의미가 퇴색될 수 있어서 가급적 페이지에 걸맞은 내용이 들어갈 수 있도록 고민해서 만든 책입니다. 특히 만화로 그려졌기 때문에 몇 번이고 반복해서 쉽게 읽을 수 있는 장점이 있으니 MAYA 를 사용할 때 조금이라도 도움이 된다면 그 이상의 행복은 없습니다.

마지막으로 만화로 출판하고 싶다는 의견을 수렴해서 출판할 수 있는 기회를 준 본 디지털 관계자 분들. 이 책의 예제로 자주 등장한 구니즈맨의 사용을 흔쾌히 승낙한 스타지오 구니즈 님. 서두에 등장하고 세미나에서도 신세 진 포치군의 CG 모델을 작성해 준 같은 회사의 이토오 짱. 그리고 200 페이지에 걸쳐서 끊임없이 톤 붙이기, 배경 작화 도와주기, 뿐만 아니라 힘 있는 느낌의 글까지 적어준 Ka-L 님. 덕분에 이렇게 성공적으로 출판될 수 있었습니다.
정말 감사합니다.

# MEMO

# MEMO

MEMO

MEMO

MEMO

MEMO

MEMO